Dieter Voigt / Sabine Meck
Über Glück und Gelassenheit

**topos** taschenbücher, Band 780
Eine Produktion des Verlags Butzon & Bercker

Dieter Voigt / Sabine Meck

# Über Glück und Gelassenheit

*Wege zu einem erfüllten Leben*

**topos** taschenbücher

**Verlagsgemeinschaft topos plus**
Butzon & Bercker, Kevelaer
Don Bosco, München
Echter, Würzburg
Lahn-Verlag, Kevelaer
Matthias Grünewald Verlag, Ostfildern
Paulusverlag, Freiburg (Schweiz)
Friedrich Pustet, Regensburg
Tyrolia, Innsbruck

**Eine Initiative der Verlagsgruppe engagement**

Bibliografische Information der Deutschen Nationalbibliothek
Die Deutsche Nationalbibliothek verzeichnet diese Publikation in der
Deutschen Nationalbibliografie; detaillierte bibliografische Daten
sind im Internet über http://dnb.d-nb.de abrufbar.

2012 Verlagsgemeinschaft **topos** plus, Kevelaer
Das © und die inhaltliche Verantwortung liegen beim
Verlag Butzon & Bercker, Kevelaer

Einband- und Reihengestaltung | Finken & Bumiller, Stuttgart
Satz | Aalexx Druck GmbH | Großburgwedel
Herstellung | Pustet, Regensburg
Printed in Germany

Topos-ISBN: 978-3-8367-0780-0
www.toposplus.de

# Inhalt

Wunschlos glücklich? .............................. 10
Danksagung....................................... 11

**Einleitung** ...................................... 13

**Erstes Kapitel**
Aufbruch ins Licht – die Suche nach dem Glück ..... 17

**Zweites Kapitel**
Glück – das schönste Wort der deutschen Sprache .... 24

**Drittes Kapitel**
Glück gehabt! – Schicksal und Zufall ............... 28

**Viertes Kapitel**
Glücklichsein und andere positive Zustände ........ 35

**Fünftes Kapitel**
Woran unser Herz hängt – äußere Umstände und Glück 41
   Erfolg, Gesundheit und Glück ................... 41
   Arbeit ....................................... 45
   Wirtschaftswachstum und Geld .................. 47
   Freiheit ..................................... 51
   Soziale Beziehungen .......................... 52

**Sechstes Kapitel**
Gibt es Glück ohne Leid? .......................... 54

**Siebtes Kapitel**
Weshalb lässt Gott Leid zu?........................ 59
   Wer oder was ist Gott?........................ 59
   Wer trägt die Verantwortung? .................. 61
   Der Weg zur Befreiung ........................ 63

**Achtes Kapitel**
Was kennzeichnet einen glücklichen Menschen? ..... 70

**Neuntes Kapitel**
Spirituelles Erfahren und Sprache
am Beispiel der Gelassenheit ...................... 72
    Geburt in der Mystik: das Wort „Gelassenheit" .... 74

**Zehntes Kapitel**
Gelassenheit – was sie ist und was sie bedeutet ...... 79

**Elftes Kapitel**
Die gelassene Persönlichkeit ...................... 88
    Ich-Stärke versus Ich-Haftigkeit ................. 90
    Merkmale einer gelassenen Persönlichkeit ........ 91

**Zwölftes Kapitel**
Was ist das Ich? ................................. 101
    Das Ich-Bewusstsein ........................... 101
    Was soll ich vom Ich lassen? .................... 102

**Dreizehntes Kapitel**
Wer selbstlos liebt, ist glücklich ................... 105

**Vierzehntes Kapitel**
Brauche ich einen spirituellen Lehrer
auf dem Weg zum Glücklichsein? .................. 113
    Brauchen wir für die Arbeit am Geist einen Lehrer? 113
    Woran ist ein fortgeschrittener Lehrer zu erkennen? 115

**Fünfzehntes Kapitel**
Kann ich Gelassenheit im Alltag üben? ............. 117

**Sechzehntes Kapitel**
Wie werde ich glücklich? ......................... 120

**Siebzehntes Kapitel**
Alles ist eins .................................... 135

**Achtzehntes Kapitel**
Und was ist die Essenz von alldem? ................ 153

**Quellennachweise**
Einführende Zitate/Fußnoten ..................... 155

**Literatur** ...................................... 161

Kein Unglück trifft dein Herz, machst du es nicht dazu.

*Plutarch (um 45 – um 125)*


Begreifen wir Veränderung und Vergänglichkeit
als Wunder des Lebens und wissen
um die flüchtige Natur aller Dinge,
so sind wir glücklich und werden den Tod
gelassen begrüßen.

*Dieter Voigt / Sabine Meck*


Verbreite Freude überall, wo du vorübergehst.

*Gabrielle Bossis (1874–1950)*

# Wunschlos glücklich?

Glück sucht der Mensch, solange er lebt; er will ständig glücklich sein. Das ist tief im Menschen verwurzelt und bildet die Triebkraft für sein Verhalten und Handeln.

Aber, nach welchem Glück strebt er? Und welches Unglück fürchtet er, will es verdrängen und ihm vorbeugen? Ist das der Sinn unseres Lebens? Leben wir, um glücklich zu sein? Worin unterscheidet sich hier der Mensch vom Tier, z. B. von der Katze, die sich wohlig der Sonne entgegenstreckt? Und wie ist auf dieser Stufe die Glücksbilanz?

Die Menschheit leidet. Ist dem Menschen nicht die Möglichkeit für höheres Glück gegeben? Ja, sie ist gegeben: Einzigartig ist dieses Wunder, und es gründet im Gelassensein. „Glück" ist wohl das schönste Wort der deutschen Sprache. „Gelassenheit" hingegen – auch eine deutsche Wortschöpfung – steht ohne Zweifel für den wichtigsten Inhalt, die Vollkommenheit, die höchste Stufe der Entwicklung des Menschseins. Glück ist nicht gleich Glück: Vergnügen, Besitz, Ansehen, vermiedener Ärger – alles von äußeren Umständen Abhängende – liegen auf einer ganz anderen Ebene als das den ganzen Menschen ergreifende, andauernde, wunschlose Glück.

Hier wollen wir das Entstehen wirklichen Glücklichseins aus der Gelassenheit erhellen. Dieses Glück finden wir nur im Gelassensein – je tiefer es ist, umso vollkommener ist das Glück. Vielleicht kann Sie unser Buch auf dem Weg zum Wunderbaren begleiten.

# Danksagung

Das vorliegende Buch steht in Kontinuität zu unseren Arbeiten über Gelassenheit: „Geschichte und Bedeutung" (Darmstadt 2005), „Lebensziel und Weg" (Kevelaer 2008).

Während unserer langjährigen Studien begegneten wir den wertvollsten und ergreifendsten Gedanken und Schriften, die Menschen in mehr als zwei Jahrtausenden hervorbrachten. Welch Glück wurde uns dabei zuteil! Das Literaturverzeichnis kann den Reichtum und die Fülle der Quellen nur andeuten.

Essentielle Kritik und fruchtbare Anregung erhielten wir von einem befreundeten Kollegen. Eva-Maria Grünwald gab uns wichtige Hinweise und ergänzende Korrektur. Für die sorgfältige Durchsicht des Manuskripts danken wir Jasmin König und Edeltraud Dürrleder. Heidi Rose vom Verlag Butzon & Bercker erteilte uns guten Rat und förderte das Vorhaben mit hilfreicher Geduld. Ihnen allen sei herzlich gedankt.

Zürich und Berlin, im Oktober 2011

*Dieter Voigt und Sabine Meck*

# Einleitung

Glück scheint der Leitstern der Menschen zu sein. Alle suchen es und streben danach. Jeder glaubt, es zu kennen; alle wissen, es währt nur kurz, und Leid und Unglück sind allgegenwärtig. Und die Bilanz: Die Menschheit leidet, und das auf sehr verschiedenen Ebenen.

Glück – so wird überall verkündet – sei das Wichtigste im Leben, es sei von äußeren Bedingungen abhängig und häufig sogar käuflich. Ein riesiger „Glücksmarkt" beherrscht das Leben der Menschen. Er reicht vom mittelalterlichen Ablasshandel bis hin zu der modernen Werbung aller Art, der Partnervermittlung, den Spielautomaten, Computerspielen, Horoskopen und an Scheinbedürfnissen ausgerichteten Leitbildern, Konsumanreizen, unerfüllbaren Versprechen …

Je größer und differenzierter dieser Markt mit seinen Produzenten, umso mehr künstliche Bedürfnisse entstehen und umso oberflächlicher und kürzer werden die Phasen des Wohlbefindens.

Ungezählte Schriften über das Glück – meist Anleitungen zum Glücklichwerden – überschwemmen Buchhandel, Internet und Werbung: Wie lassen sich schnell meine Wünsche erfüllen?

Was soll dann dieses Buch, ist nicht alles schon vielfach gesagt? Nein, über Glück sprechen viele; an Gelassenheit wagen sich nur wenige, die meisten verstehen darunter Ruhe zu bewahren, Bequemlichkeit, Gemütlichkeit; es soll etwas entäußert werden. Der Zusammenhang zwischen beiden wird nur selten berührt und bleibt deshalb unverstanden.

So lässt sich weder erkennen, was wirkliches Glück bedeutet, noch gar, welche Ursache ihm zugrunde liegt. Das große Geheimnis wunschlosen Glücks bleibt fest verschlossen.

Hier setzt unser Buch an.

Worin liegt das Geheimnis von Glück und Gelassenheit?

Was ist wirkliches Glück?
Worauf beruht es?
Was ist Gelassenheit?
Welcher Zusammenhang besteht zwischen Gelassensein und Glück?
Welcher Weg führt zum Glücklichsein?
Was bedeutet: Alles ist eins?
Weshalb sind Demut, Bescheidenheit, Mitgefühl, Ehrfurcht, Disziplin, Achtsamkeit, Dankbarkeit, Herzlichsein, Humor, Lauterkeit, Hilfsbereitschaft, selbstloses Geben, innere Ruhe so wichtige Tugenden?

Der Weg zu selbstloser Liebe und wunschlosem Glück führt über das Gelassenwerden. Inwieweit können Worte auf diesem Pfad hilfreich sein? „Reden ist Silber, Schweigen ist Gold." „Hättest du geschwiegen, du wärest ein Weiser geblieben." Die Volksweisheiten gelten heute wie früher. Aber wie heißt es in den ersten Versen des Johannesevangeliums (1,1–4): „Im Anfang war das Wort, und das Wort war bei Gott, und das Wort war Gott. Im Anfang war es bei Gott. Alles ist durch das Wort geworden und ohne das Wort wurde nichts, was geworden ist. In ihm war das Leben und das Leben war das Licht der Menschen."

War das Wort (des Höchsten) – die Physik nennt es Information – die Quelle, aus der unsere Welt entstand? Im letzten Kapitel „Alles ist eins" gehen wir darauf ein.

Je mehr wir wissen und erfahren haben, umso mehr schwindet Hochmut und umso stärker ergreifen uns Demut, Ehrfurcht und Bescheidenheit. Unsere verbale Sprache ist der Versuch, mehr oder weniger differenzierte Sachverhalte in Begriffe zu prägen und diese, gesprochen, schriftlich oder in Bilder u. a. gefasst, zu gebrauchen.

Sprache ist Reduktion von Komplexität. Oder, wie Wittgenstein es im Vorwort zu seinem Buch „Tractatus" ausdrückt: „Alles, was sich sagen lässt, lässt sich klar sagen; und wovon man nicht reden kann, davon muss man schweigen."[1]

Nur ein Bruchteil von dem, was wir denken, lässt sich

in Worte fassen. Da wir das Göttliche nicht denken und begreifen können (es ist nur erfahrbar), entzieht es sich unserem sprachlichen Ausdrucksvermögen. Wir können in diesem Fall nur sagen, dass und was wir nicht begreifen können. Tief ergriffen fasste es vor 700 Jahren die Mystikerin Marguerite Porète (um 1250/1260–1310) in Worte: „Denn alles, was man von Gott sagen oder schreiben kann, noch auch zu denken vermag – was mehr ist, als man sagen kann –, gleicht eher einer Lüge denn einer wahren Aussage."[2]

Die Wirklichkeit ist das sich ständig verändernde Ganze; unsere Worte und Begriffe sind dagegen festgelegt und können nur Bruchstücke von ihr spiegeln.

Trotzdem: Unsere Sprache – wir denken und träumen darin und sie ist die Grundlage von Bildung (Lesen und Hören), Intellekt, Wissenschaft, Kommunikation, Kunst – ermöglicht und fördert den Zugang zum Göttlichen. Sei es durch Überzeugen (Gesprochenes, Gehörtes und Gelesenes), Informieren, Ergreifen, Beten, Rezitieren, Mantras. Das Wort ist hier also weit mehr als ein Lockmittel, aber von einer gewissen Bewusstseinsstufe an verliert es an Gewicht.

Was verstehen wir unter einem erfüllten Leben? Es ist eine Kunst. Indes, womit soll es gefüllt sein? Mit erfüllten Wünschen? Auch. Gemeint ist ein inneres Erfülltsein mit einem Ziel, einer Tätigkeit, einer Sache; ein von Liebe, Spiritualität, Arbeit, Pflicht, Lernen, Hilfsbereitschaft, Freude und Leid, Erfolg und Misserfolg … getragenes Leben.

Je sicherer Liebe und Gelassensein dabei den Menschen führen, umso erfüllter gestaltet sich sein Leben. Diese Erkenntnis leitet unser Buch.

Kaum ein Begriff dürfte in seiner inhaltlichen Auslegung so entscheidend von der Biografie jedes Einzelnen abhängen und dadurch geprägt sein wie das Wort „Glück". Mit Veränderungen der Lebenslage und des Bewusstseinszustandes entwickelt sich die Wertestruktur des Individuums und dementsprechend seine Vorstellung vom Glück. Jeder Mensch hat seine eigene, gefühlte Glücksbilanz.

Je nach Persönlichkeitsentwicklung wird Glück weniger als Zufall, Ausbleiben von Leid, Erfüllen von Wünschen oder das Zusammentreffen von freundlichen Umständen empfunden, sondern vielmehr als von außen unabhängiges, tief verwurzeltes Gefühl im Gegenwärtigen.

Der Mensch ist seines Glückes Schmied. Das Irdische mag nur ein Schatten vom Göttlichen sein, aber die Möglichkeit, aus ihm heraus in das Licht zu treten, wurde uns gegeben. Das leitet unser Buch.

# Erstes Kapitel

## Aufbruch ins Licht – die Suche nach dem Glück

*Begreifen wir Veränderung und Vergänglichkeit als Wunder des Lebens und wissen um die flüchtige Natur aller Dinge, so sind wir glücklich und werden den Tod gelassen begrüßen.*

Wenn wir kleine Kinder beim Spielen beobachten und wenn wir sie gerade nicht „erziehen" müssen, wenn wir also die Zeit oder Muße haben, sie ganz vorurteilsfrei zu betrachten, dann könnte bei dem einen oder anderen von uns Sehnsucht erwachen: Kinder sind oft so stark ergriffen von der sie umgebenden kleinen Welt, entdecken Wunder, die wir unachtsam übersehen, und sind tief versunken in ihrer Tätigkeit. Dabei sind sie aber auch schrecklich egoistisch, scheinen sich selbst und ihre Gefühle einfach zu akzeptieren. Sie werden wütend, wenn sie ihren Willen nicht durchsetzen, vergessen die Tränen aber schnell, wenn das Ersehnte nicht eintritt. Was wir bei uns vermissen, ist ihre noch andauernde Authentizität, ihr tiefes Ergriffensein beim Spielen, die Frische ihres Geistes, die Neugierde am Leben und die Fähigkeit, die meisten Dinge so wahrzunehmen, wie sie sind. Kleine Kinder sind glücklich, wenn sie glücklich sind, und traurig, wenn sie traurig sind – sie kämen nicht auf die Idee, gezielt Glück zu suchen. Ihr Glücksempfinden verläuft eher auf affektivem Niveau: die Wärme und Geborgenheit durch die Eltern, das Durstlöschen, Spielen, Entdecken. Aber auch das stetige Lernen und Erfahren dürften schon erste Glücksgefühle erwecken.

Noch deutlicher wird das bei Tieren. Die Frage, ob Tiere glücklich sein können, wird häufig diskutiert. Ohne Zweifel können sie sich wohl und unwohl fühlen. Dass höher entwickelte Tiere möglicherweise traurig sein können, berichtet der buddhistische Mönch Ajhan Brahm[3] in einer kleinen, ergreifenden Geschichte über eine Kuh, die weinte, als sie zum Schlachten geführt wurde. Wenn ein Tier – z. B. Hund, Katze, Affe – unter Schmerzen leidet, sehen wir das. Dass Hunde freudig oder traurig sein können, steht außer Zweifel. Vermutlich vermag jeder, der ein Tier besitzt und es liebt, über solche Erfahrungen zu berichten – vieles mag daran richtig sein, vieles interpretieren wir sicherlich auch hinein. Wenn wir eine Katze beobachten, die sich reckt und streckt, gestreichelt und gebürstet sein will, sich kraulen lässt, um gleich wieder aufzuspringen und völlig frei die Umgebung zu erkunden – dann kann uns Wehmut, aber auch Freude ergreifen. So leicht haben wir das nicht. Wir ahnen es schon: Es ist nicht einfach, das Glücklichsein, nach dem alle streben, zu beschreiben, und schon gar den Weg dorthin. Dabei erinnern wir uns an die einleitenden Fragen: Nach welchem Glück streben wir überhaupt? Und welches Unglück fürchten wir? Liegt hier der Sinn unseres Lebens? Leben wir, um glücklich zu sein? Die Menschheit leidet, an Kriegen, Umwelt- und Atomkatastrophen, Terrorakten, Schmerz, Hunger, Durst, unglücklichen Beziehungen auf allen Ebenen, Unzufriedenheit ... Ist dem Menschen nicht die Möglichkeit für höheres Glück gegeben?

Nach dem oben beschriebenen Glücklichsein auf niedrigem Bedürfnisniveau, das man *affektiv* nennen kann, suchen wir in diesem Buch nicht. „Affektiv" steht für Bedürfnisse, die durch heftige Gefühlsäußerungen gekennzeichnet sind. Ohne Frage: Ein warmes Wannenbad an einem kühlen Tag, Zärtlichkeit, ein Stückchen Schokolade – all das schenkt auch dem erwachsenen Menschen Glücksgefühle. Es gibt viele Ratgeber zum affektiven, kurzen Glückserleben, doch oft vergessen sie, darauf hinzuweisen, dass diese positiven Gefühle nur kurz andauern. Sie berühren uns nur flüchtig. Sie schaffen kurze Momente der Freude und positive Gefühle, aber wenn sie abklingen, folgen Leere und neue Bedürfnisse.

Wir beginnen unser Buch demnach mit einer Negativabgrenzung: Das Glück oder Glücklichsein, das wir erarbeiten wollen, liegt nicht in der Befriedigung von Bedürfnissen auf niedrigstem und niedrigem Niveau oder auf dem Beseitigen von stets neuem Mangelerleben. Was ist damit gemeint?

In den 1960er-Jahren entwickelte der Psychologe Abraham H. Maslow[4] eine Bedürfnispyramide, die auch heute noch in der Persönlichkeitspsychologie Geltung hat. Bedürfnis sei dabei verstanden als Mangelerleben, das ein Verhalten auslöst mit dem Ziel, den Mangel zu überwinden. Bedürfnisse lassen sich nach verschiedenen Gesichtspunkten einteilen. Grundsätzlich ist zwischen primären (angeborenen) und sekundären (erlernten, erworbenen oder erzwungenen) Bedürfnissen zu unterscheiden. Maslow geht von einer Hierarchie der Bedürfnisse aus. Höhere Bedürfnisse gewinnen demnach dann an Bedeutung, wenn niedrigere Mangelerlebnisse befriedigt worden sind. Der amerikanische Wissenschaftler unterscheidet: 1. Physiologische Bedürfnisse (u. a. Hunger, Durst, Schmerz, sexuelles Verlangen); 2. das Sicherheitsbedürfnis; 3. Bedürfnisse nach Zuwendung und Liebe; 4. das Bedürfnis nach Achtung; 5. das Bedürfnis nach Selbstverwirklichung.

Ist es also kein „Glücksmoment", wenn wir in großer Hitze und durstig auf frisches Quellwasser treffen und unser Grundbedürfnis befriedigen? Es ist ganz bestimmt ein starkes Positivempfinden, verbunden mit der Zufriedenheit des Körpers, der sich nun wieder im Gleichgewicht befindet, und vielleicht mit Freude. Es ist das oben beschriebene, kurzfristige, *affektive Glücksempfinden auf niedrigem Niveau*. Dieses Glücksempfinden stellt die Ausgangsbasis dar: Solche positiven Empfindungen sind jedem Menschen möglich, hier beginnen freudvolle Momente. Mehr noch sind sie auf den Körper bezogen, doch auch die Seele regt sich schon, auch sie will sich gut fühlen.

Kehren wir noch einmal zum Säugling zurück. Zunächst

können wir feststellen, dass die Ich-Leistungen ganz von den Trieb- und affektiven Bedürfnissen bestimmt sind. Dabei regiert reiner Egoismus: Das Kind hat Hunger und will die Brust. Instinktiv wird von ihm eine innere Homöostase angestrebt, die der Säugling als angenehm empfindet. Dazu kommen die Wärme, die zarte Haut und der Geruch der Mutter, die ihm Schutz geben und körperliches Wohlbefinden. Die frühesten Erfahrungen des Menschen, die er mit sich selbst verbindet, sind also körperlich, doch nach und nach werden sie um funktionales, zielgerichtetes, emotionales und insbesondere auch soziales Erleben und Handeln erweitert. Das Kind entdeckt zunehmend die Außenwelt und erfährt, dass es sein eigenes Ich abgrenzen muss; es muss lernen, zwischen Innen und Außen zu unterscheiden. Dieses Trennen zwischen „ich" und „du" und den Besitzvorstellungen „mein" und „dein" bildet den Ursprung des *dualistischen Bewusstseins*, denn mein und mir existieren nur mit einem Gegenüber. Diesem Begriff des *dualistischen Bewusstseins* werden wir noch öfter begegnen. Bei der Suche nach dem wirklichen Glück steht er im Mittelpunkt.

Der kleine, reifende Mensch lernt nun, die Welt in Erstrebtes, ihm Gleichgültiges und in Abgewehrtes einzuteilen. Er lernt, seine Affekte zu kontrollieren, Emotionen zu beherrschen, vorauszudenken und – wovon wohl schon jetzt ein Hauch entsteht – an das Wohl des anderen zu denken. Babys leben bewusst, aber sie denken noch nicht darüber nach; sie leben voll in der Gegenwart. Das gilt auch für Kinder, aber hier gewinnt schon die Erfahrung, und damit auch die Vergangenheit, an Raum. Die Zukunft – vielleicht zuerst als Angst vor Strafe oder als Denken in der Kategorie der hinausgeschobenen Belohnung, anfangs noch ganz kurzfristig – erlangt langsam Kontur. Mehr und mehr entwickelt sich die Persönlichkeit. Aus der Interaktion mit anderen Menschen erwachen die Wünsche nach Liebe und Anerkennung, deren Erfüllung ersehnt wird. Dabei wird es für das Individuum immer schwieriger, eine innere Homöostase herzustellen, denn Bedürfnisse, Wünsche, Sorgen, Ängste, Erwartungen und vor allem auch Bewertungen treten ebenfalls verstärkt hervor.[5] Auch zwischen dem, was glücklich, und dem, was unglücklich macht, wird nun unterschieden. Es stehen sich nun Glück, „Gegenglück"[6] bzw. Leid gegenüber. Das Erstere will man haben, Letztere will man vermeiden. Das Streben nach dem Glücklichsein nimmt seinen Anfang.

Und beim Blick zurück in die Menschheitsgeschichte, wann erwachten dort im Menschen die Sehnsucht und die Suche nach dem Glück und Glücklichsein? Wir wollen eine Antwort versuchen.

Begeben wir uns bei der Spurensuche nach den ersten Zeugnissen des Glückempfindens auf eine Zeitreise, die erdgeschichtlich relativ spät beginnt, etwa vor 100 000 Jahren. Würden wir uns die Entwicklung der Erde als einen Jahreszyklus von zwölf Monaten vorstellen, dann befänden wir uns bereits am letzten Dezembertag, uhrzeitlich zwischen Abend und Nacht. Wir begegnen dort, vor etwa 100 000 Jahren, einer Gruppe von Hominiden, nennen wir sie Neandertaler. Die Hominiden haben ihre Entwicklungskette fast abgeschlossen, jene menschliche Ahnenreihe, an deren Ende das wundersame Wesen „Homo sapiens" steht. In vergleichsweise kurzer Zeit, bildlich gesprochen direkt vor Jahreswechsel, vollzog sich die wunderbarste Leistung der Evolution, die physiologisch als Herausbildung des Neo-Neocortex, des Gehirnteils für gnostische Funktionen, und die philosophisch als die Selbst-Bewusstwerdung des Menschen beschrieben werden kann. Die Bibel beginnt in der Genesis mit den Worten: „Und der Herr sprach – es werde Licht." Metaphorisch religiös betrachtet, mag diese Stelle die Geburtsstunden der menschlichen Persönlichkeit beschreiben. Denn aus dem Dunkel der Bewusstlosigkeit traten erst die Erde mit Tag und Nacht, dann das Licht in das Leben. Was zunächst vermutlich nur aus einzelnen mentalen Erlebnissen bestand, gipfelte zuletzt darin, dass der Mensch sich selbst erkannte.[7]

Kehren wir zurück zu unserer Gruppe von Neandertalern. Sie hocken um einen Graben, verständigen sich mit Lauten oder sprachlichen Fragmenten, wirken aufgeregt und unruhig. In der Furche liegt ein Toter, seitlich hingebettet, mit dem Kopf nach Westen ausgerichtet und den Füßen nach Osten, flankiert von einigen Knochen und Feuersteinen. Die Haut ist mit Ocker beschmiert, um die Totenblässe, die Furcht verbreitet, zu vertreiben. Nicht weit von dieser Stätte entfernt befindet sich eine zweite Leiche; schon vor längerer Zeit hat man dort ein weibliches Wesen hingelegt, in ähnlicher Position. Die Neandertaler begraben einen aus ihrer Sippe.

Wir gehen davon aus, dass die Neandertaler zumindest über eine rudimentäre sprachliche Verständigung verfügten, d. h. über Töne, Gebärdensprache und andere Laute, und bereits in der Lage waren, beschreibend zu kommunizieren. Nur so konnten sie ein Ritual für Tote mit symbolischen Handlungen durchführen, sich darüber verständigen und es wiederholen.

Einige aus unserer Hominidengruppe am Grab streuen Blüten über den Toten. Mit modernen Untersuchungstechniken gelang es Wissenschaftlern, in den Gräbern auch fossile Spuren von Blütenstaub zu extrahieren. Das und die Knochenfunde sind deutliche Hinweise auf rituelles und damit religiös orientiertes soziales Handeln.

Eccles[8] leitet daraus noch mehr ab, nämlich die Entstehung des Altruismus, des Mitgefühls. Die Art der rituellen Bestattung, die wir hier nur als Beispiel aufgeführt haben, lässt zwei Schlussfolgerungen zu: Mit dem Vermögen des Menschen, sich an die Vergangenheit zu erinnern, wuchs auch das Begreifen, dass das Leben unaufhaltsam voranschreitet, ja vergänglich ist. Und so trat das Licht der Bewusstheit, das Licht des menschlichen Geistes, das ihn als einziges Wesen auf der Erde auszeichnet, zunächst gemeinsam in Erscheinung mit dunklen Facetten.

„Das Selbst-Bewusstsein hat in seinem Gefolge düstere Gefährten mitgebracht: Furcht, Angst und das Bewusstsein der Sterblichkeit. Das Bewusstsein der Sterblichkeit ist die Bürde des Menschen. Aus Vorfahren, die dies nicht wussten, entsprang ein Wesen, das weiß, dass es sterben wird."[9]

Wir sagen: Es *erscheint* als die Bürde des Menschen.

Das Erkennen des anderen, Mitgefühl sowie rituelle Bestattungen als Begreifen dessen, was Tod bedeutet, all dieses lässt vermuten, dass hier bereits das dualistische Bewusstsein in der Menschheit entwickelt war. Erst dadurch konnte der Tod zu einer Bürde werden. Mit der Trennung: Vergangenheit, gegenwärtiger Augenblick, Zukunft, Ich und Du, Leben versus Tod, entfaltete sich das trennende Weltbild. Wann genau, das wissen wir nicht, doch könnte unser Beispiel ein Hinweis darauf sein.

Hoffnung auf Liebe und Trost, Verminderung von Angst, Leid und Schmerz, leiteten von nun an das Denken und Tun der Menschen. Und es erwuchsen daraus die Hoffnung und das Streben, Antworten auf die großen philosophischen Fragen zu finden: Woher kommen wir? Warum sind wir hier auf der Erde? Wohin gehen wir, als Individuum nach dem Tod und als Menschheit insgesamt? Die Suche nach immerwährendem Glück hatte begonnen.

# Zweites Kapitel

## Glück – das schönste Wort der deutschen Sprache

*Der Wunsch, glücklich zu sein, ist tief im Wesen des Menschen begründet. Er ist die treibende Kraft hinter all unserem Handeln. Die älteste, selbstverständlichste und zuverlässigste Konstante dieser Welt ist nicht bloß, dass wir glücklich sein wollen, sondern dass wir nur glücklich sein wollen. Unsere Natur verlangt es von uns.*[10]

(Aurelius Augustinus, 354–430)

Erinnern wir uns an die Fragen im Vorwort: Nach welchem Glück streben und welches Unglück fürchten wir? Ist die Suche nach dem Glück der Sinn unseres Lebens? Leben wir, um glücklich zu sein? Vom wirklichen Glücklichsein ist die Menschheit weit entfernt. Ist dem Menschen nicht die Möglichkeit für höheres Glück gegeben? Eine Antwort darauf gibt uns Augustinus in dem obigen Zitat: Seit Menschengedenken streben wir nach *dauerhaftem* Glück. Betrachten wir das Wort „Glück" genauer, dann werden wir zunächst enttäuscht. Dauerhaftigkeit und Beeinflussbarkeit waren offensichtlich in ihm noch nie enthalten. Suchen wir zunächst nach der Herkunft und Bedeutung dieses rätselhaften Wortes.

Mit einem Blick in einen fernen Spiegel, wie Barbara Tuchman[11] das Mittelalter bezeichnete, erkennen wir den Ursprung der beiden Wörter. Glück ist wohl das schönste deutsche Wort und Gelassenheit das inhaltsschwerste. Beide sind in ihrem vollen Wortsinn nicht in andere Sprachen zu übersetzen. Der gemeinsame Ursprung dieser Wortschöpfungen liegt im Hochmittelalter, im 12. Jahrhundert, also etwas früher als die Zeit, die Tuchman im Blick hatte.

Warum entstanden diese Begriffe gerade in dieser Epoche, von der Kulturphilosoph Johan Huizinga[12] schrieb, dass der Grundton des Lebens bittere Schwermut war? Weil der Tod allgegenwärtig wahrgenommen wurde, wie z. B. die bildlichen Darstellungen des Totentanzes bezeugen? Weil so viele ein armes, hungriges, leidvolles Leben führten und Hoffnung im Paradies suchten? Als eine Reaktion auf Angst? Diese Fragen sind noch nicht beantwortet.

Begeben wir uns nun in die Epoche, die lange von den Historikern als das „dunkle Zeitalter" beschrieben und gewertet wurde und mit der auch wir heute zwiespältige Gefühle verbinden. Einerseits empfinden wir die Dunkelheit, Grausamkeit, die beständige Todesnähe, die Qualen von Krieg, Krankheit, Hunger und Armut sowie quälende Angst, die aus den Überlieferungen, Schriften und Bildern spricht. Andererseits wissen wir, dass kein Jahrhundert in der Menschheitsgeschichte nur dunkel sein kann. Eine innere Stimme sagt uns, dass die Summe allen Lebensglücks, aller Fröhlichkeit und heiterer Ruhe, die den Menschen je beschieden sei, in den verschiedenen Epochen vielleicht nicht allzu sehr voneinander abweichen könne. Und so, schreibt Johan Huizinga, sei der Glanz mittelalterlicher Glücksgefühle auch nicht ganz für uns erloschen, denn er lebe z. B. noch im Volkslied, im Minnegesang, in den stillen Weiten der Landschaft, in den wortgewaltigen Schriften der Mystiker, in den ernsten Antlitzen der überlieferten Portraits, den wundervollen Gemälden und sakralen Bauwerken.[13] Und wir ergänzen: in dem schönsten deutschen Wort „Glück".

Dieses ist zum ersten Mal als „gelücke" in dem Eneasroman, einem Ritterepos von Heinrich von Veldeke (vor 1150–1190/1200), nachgewiesen in dem Satz: „Der Herr und sein Heeresgefolge fuhren über das Meer, wohin das gelücke sie führte."[14]

„Gelücke" steht in diesem Roman für das positiv verlaufende Schicksal und ist eine Schicksalsmacht. Das, was im Altertum die Schicksalsgöttinnen beherrschten, nämlich über den Verlauf des menschlichen Lebens zu entscheiden, übernimmt in Veldekes und dann später auch in anderen Ritter- oder Artusromanen nun das „gelücke". Es ist bislang nicht erforscht, doch vieles spricht dafür, dass dieses schöne Wort sich zeitgleich auch im Volk verbreitete, vermutlich durch Minnesänger und Barden vorgetragen.

„Gelücke" war somit zunächst ein schicksalsbehafteter Begriff. Er konkurrierte noch mit den weiterhin waltenden Glücksgöttinnen der Antike, in der höfischen Literatur mit der Schicksalsmacht „saelde" und zudem mit der launischen Fortuna, die des Menschen Schicksalsrad dreht. „Gelücke" steht damit im deutlichen Gegensatz zum mittelalterlichen theologischen Glücksverständnis, das in den lateinischen Schriften als „beatitudo" bezeichnet wird, die wahre Glückseligkeit, die nur im Jenseits für den Menschen erreichbar war. Langfristiges Glücklichsein, das in Gottes Hand lag, wurde in der künstlerischen Sprache des Mittelalters zudem auch „heil" genannt. Die Wörter „Seligkeit" und „Heil" haben sich bis heute sprachlich erhalten. Eine Ausnahme im theologischen Schrifttum des Mittelalters bildet die „Glückslehre" des Thomas von Aquin. Bei ihm finden wir sogar schon ansatzweise etwas, das auf die Selbstverantwortung des Menschen für sein irdisches Glück hinweist. Thomas von Aquin[15] bezieht sich dabei auf die Tugendlehre des Aristoteles, auf die Nikomachische Ethik und das rechte Maßhalten in allen Dingen des Lebens. Er geht also auch über den schicksalhaften Glücksbegriff weit hinaus.

„Gelücke" ist in diesem Sinne ein Wort zunächst aus den höfischen Romanen, dann aus der Sprache der Barden und des Volkes, es ist *auch* ein christlich geprägtes Wort und es trägt überdies einen emotionalen Gehalt. Aber alles „gelücke" war im Mittelalter weiterhin abhängig von der göttlichen Providenz und somit der Fügung sowie dem Schicksal und seinen Launen unterworfen. Als solches bahnte sich das Streben nach Glück irgendwann seinen Weg heraus aus den theologischen Gelehrtenstuben. Es gelangte in die glanzvolle höfische Welt und in die Bilder, die Musik, die Sprache des Volkes. „Hans im Glück" machte sich mit einem rätselhaften Gepäck auf die Wanderschaft …

Das deutsche Wort „Glück" ist also in seiner ursprünglichen Bedeutung mit Schicksal oder Fügung, dem Walten einer höheren Macht, verbunden. Glück ereignet sich demnach unabhängig von unserem Tun und Wollen. Es ist ein Ereignis mit einem daraus folgenden zeitlich begrenzten Zustand. Und es ist ein Archetypus, denn an Schicksalsmächte haben die Menschen immer geglaubt. Das Schicksalhafte im Ursprung des Wortes „Glück" dürfen wir nicht übersehen.

# Drittes Kapitel

## Glück gehabt! – Schicksal und Zufall

*Tag und Nacht, was immer euch begegnet, ist euer Leben.*[16]
*(Dogen Zenij, 1200–1253)*

Auch das Schicksalhafte ist in dem deutschen Wort „Glück" enthalten. Schicksal und Zufall liegen nahe beieinander. Im Englischen wird das schicksalhafte, zufällige Glück als „luck" bezeichnet: „He is lucky." Von „luck" reden wir, wenn Dinge, die uns gut erscheinen und vielleicht auch tatsächlich gut für uns sind, durch Schicksal oder Zufall eintreten. Das „andere" Glück wird als „happiness" übersetzt. Genau genommen müssten auch wir in der deutschen Sprache in dem Zusammenhang mit Zufall und Schicksal vom „Glückhaben" sprechen und nicht alleine von „Glück". Warum hat der eine Glück, der andere Pech?

Pech ist ursprünglich das aus der Fichte und anderen Nadelhölzern gewonnene Harz. Deshalb wird die Fichte auch „Pechbaum" genannt. Durch Kochen wurde aus dem Harz der Bäume Teer erzeugt. Die Apokalypse spricht davon, dass es am Jüngsten Tag Pech und Schwefel regnen wird. Lange galt Pech auch als Folterwerkzeug, so in der Römerzeit, in der man Gefangene mit siedendem Pech marterte. Im christlichen Mittelalter stellte man sich in der Hölle Bottiche mit heißem, brodelndem Pech vor, in denen die Verdammten bis in die Ewigkeit ausharren sollten. Aus diesem Ursprung haben sich zahlreiche Redewendungen entwickelt, die mit Unglück verbunden sind. Die Begriffe „Pech haben" und „Pechvogel" stammen z. B. aus der Vogelstellerei. Der Vogel wird von Pechruten angelockt, bleibt zuletzt dort hängen und geht an den verklebten Federn zugrunde. Ein geflügeltes Wort lautet: Es regnete

Pech und Schwefel. Doch gibt es auch positive Wendungen, wie „Zusammenhalten wie Pech und Schwefel" – also Personen, die fest zusammenstehen.

In den Zusammenhang von Begriffen, die das Unglück benennen, gehören auch „ärgerlicher Vorfall", „Panne", „Ungeschicklichkeit", „Missgeschick", „Unglück", „Malheur". Welche Rolle spielen in unserem Leben Zufall bzw. Schicksal und Fügung? Mit „Zufall" bezeichnen wir, vereinfacht ausgedrückt, ein nicht vorhersagbares, eher nicht zu beeinflussendes oder rational nicht zu erklärendes Ereignis. Ein kausaler Zusammenhang ist nicht erkennbar. Wir können allerdings in einem bestimmten Rahmen den Zufall wahrscheinlicher machen oder auch unwahrscheinlicher, ihn also suchen oder fliehen. Wenn ich Zucker, Fett und Weißmehl meide, verringert sich die Wahrscheinlichkeit, übergewichtig zu werden. Umgekehrt: Wenn ich rauche, erhöht sich die Wahrscheinlichkeit von Lungenkrebs.

Dass der Mensch den Zufall beherrschen möchte, verdeutlichen z. B. die Lotterien und die Spielbanken dieser Welt. Generationen von Spielern und Computern haben sich damit beschäftigt, Wahrscheinlichkeiten zu berechnen und das Gesetz im Zufall zu entdecken – oder auch nur zu hoffen. Wir Menschen scheinen sogar dazu zu neigen, Fehleinschätzungen systematisch zu wiederholen, obwohl wir es besser wissen müssten. Das gilt insbesondere unter Stress- und Risikosituationen.

Wo beginnt, wo endet der Zufall? Wenn wir die Kausalfaktoren und intervenierenden Variablen nicht kennen, lässt sich über die Art des Zufalls nur wenig sagen.

Das deutsche Wort „Schicksal" wurde erst im 16. Jahrhundert aus dem Niederländischen entlehnt. Es benennt, was dem Menschen durch Fügung (z. B. eine Fügung des Himmels, Fügung Gottes, der Engel) bestimmt ist. Es ist gleichbedeutend mit Geschick. Aus Sicht des Menschen ist das Schicksal durch höhere Mächte geleitet. Die Folgen von Zufall, Schicksal oder Fügung sind dabei für den Betroffenen dieselben: Glück oder Pech ereignen sich, für den Menschen vermeintlich unvorhersehbar und unbeeinflussbar.

Wie relativ das schicksalhafte oder zufällige Glück und wie schwer es zu beurteilen ist, zeigt uns folgendes Beispiel: Es liegt ein qualitativ großer Unterschied in den Folgen, so ob ich Glück hatte, weil ich gerade einem schweren Unfall entgangen bin oder weil ich ein gutes Los in einem Wettbewerb gezogen habe. Ersteres mögen wir umgangssprachlich eher dem Schicksal unterordnen, weil es schwergewichtig ist. Letzteres dem Zufall.

Der Ursprung dessen, was Glück und Schicksal verbindet, führt uns weit zurück, zunächst ins Altertum, in die griechische Antike. In der griechischen Mythologie und in den Werken Homers finden wir eine vielfältige Glücks- und Schicksalsterminologie mit derart feinen Sinnunterschieden, wie sie z. B. die deutsche Sprache nicht leisten kann. Das liegt daran, dass die Menschen in dieser frühen griechischen Epoche daran glaubten, dass das Leben weitgehend in den Händen von Schicksalsmächten läge. Viele Archetypen, meist Götter und Göttinnen, haben seither bis in unsere Zeit überlebt, sodass es sinnvoll erscheint, etwas genauer darauf einzugehen.

Im archaischen Griechenland sah man Glück und Unglück als von den Göttern zugeteilt. Es ging also darum, sich mit den Göttern gutzustellen. Zu Zeiten der Mythen und Erdreligionen hieß es, dass der Lebensfaden des Menschen von Schicksalsmächten gesponnen werde. Noch heute sagen wir: „Sein Leben hängt an einem seidenen Faden", wenn wir den schmalen Übergang zwischen Leben und Tod beschreiben wollen. Es sind die Moiren, die ältesten griechischen Schicksalsmächte, die uns an die Quellen dieses Gleichnisses führen. Das Wort „αἶσα" (Aisa), ein Synonym für „Moira", geht auf die wohl älteste bekannte Form der griechischen Sprache zurück – auf den arkadisch-kyprischen Dialekt. In der griechischen Erdreligion kommt der

Moira – oder später ihrer Vervielfältigung, den Moiren – ein umfassenderes Wirken zu als z. B. später bei Homer. Von der Geburt über die Hochzeit bis zum Tod entfaltet sich nach den Vorstellungen der frühgriechischen Menschen deren Wirken.

Zunächst war es nur eine Göttin, doch der Lebensfaden des Menschen erschien bald zu lang und zu kompliziert, um von einer Macht alleine verwaltet zu werden. So waren die geheimnisvollen Schicksalsfrauen bald zu dritt: Klotho, die den Lebensfaden spinnt, Lachesis, die dessen Länge bemisst, und Atropos, die den Lebensfaden abschneidet. Später galten sie nicht mehr nur als Leben spendende Schicksalsmächte, sondern wurden auch mehr und mehr zu dunklen Mächten, zu Todesgöttinnen. Die Moiren waren dunkle, starke, unentrinnbare, unsichtbar über den Geschicken der Menschen von der Wiege bis zum Grabe waltende göttliche Mächte. Sie wurden geführt von Zeus, dem obersten Lenker der Weltordnung (nachweislich in Athen, Delphi, Theben, Olympia), zuweilen auch vom Kenner der Zukunft Apollon (in Delphi), und sie waren nach Volksmeinung in der Lage, selbst die Zukunft vorherzuwissen und zuweilen durch Gesang mitzuteilen. Schicksalsmächte gab es wohl überall: Die griechischen Moiren entsprechen den germanischen Nornen, den keltischen Beten, den römischen Parzen und den slawischen Himmels- und Lichtgöttinnen.

Zu den nicht-personifizierten Glücksbegriffen des archaischen Altertums gehören z. B. die Bezeichnungen „olbos" und „hedos", die einen glücklichen Zustand durch äußere, von den Göttern gegebene Dinge ausdrücken. „Olbos" (ὄλβως) bezeichnet Gedeihen, einen gesegneten Zustand, ein damit verbundenes Glück, Segen und Heil. Es lassen sich zahlreiche Stellen in Homers Werken finden, die mit „olbos" auf glückliche Umstände verweisen. Demgegenüber finden wir als das altgriechische Wort für Verderben, Unglück, Untergang, Tod bei Homer dementsprechend „ολεδρος" (olebos).

Auf dem Ursprungswort „hedos" beruht die Lehre des Hedonimus. Lust, verstanden als Freisein von Unlust, sei demnach das Prinzip eines glückseligen, gelingenden Lebens. Dem Hedonismus wird auch Epikur[17] (341–271 v. Chr.) zugeordnet, der vermutlich der populärste antike Philosoph ist und fast automatisch mit Glücksphilosophie in Verbindung gebracht wird. Dabei ging Epikur viel weiter: Glücklichsein war für ihn eben mehr als nur das Freisein von Unlust und auch mehr als die reine Freude. Das Glück des Menschen sei in der Seelenruhe zu suchen, die dem stillen Meer gleiche – „galene", ein wunderschönes Wort für diesen Zustand, das uns Cicero in den Gesprächen von Tusculum[18] (45 v. Chr.) von Epikur überliefert hat. Wir werden an späterer Stelle darauf zurückkommen, denn mit Schicksal hat das nichts mehr zu tun.

Häufig auftretende schicksalshafte Glücksbegriffe der griechischen Antike sind weiterhin zum einen „makar" (μάκαρ) und als besonderes Femininum „makaria" (μάκαρια) in dem Sinne von „glückselig" und Glückseligkeit der Götter selbst. Auf den Menschen bezogen bedeutete das „reich, begütert". Zum anderen „epopteia". Darunter ist der höchste Grad der Einweihung in die Eleusischen Mysterien zu verstehen. Diese entstanden im 6. Jh. v. Chr. unter dionysischem und orphischem Einfluss und wurden später vom benachbarten Athen zum Staatskult erhoben. Der Eingeweihte folgte in Eleusis der Fährte der geraubten Persephone ins Totenreich. In der Einweihung ging der Epopte durch den Tod, schaute die Geheimnisse von Leben und Tod und erlebte auf diese Weise mystische Unsterblichkeit und höchstes Glück. Insofern ist „epopteia" durchaus mit antiken, schicksalshaften Glücksvorstellungen in Verbindung zu bringen.

Einer der wichtigsten frühen griechischen Begriffe für Glück ist „eudaimonia" – in der Huld und Gunst der Götter stehend (demgegenüber: „kakodaimonía" – in der Ungunst der Götter stehend). Dieses Wort existiert seit dem griechischen Dichter Hesiod (um 700 v. Chr.) und wurde erst später zu einem der wichtigsten Begriffe antiker und moderner Glücksphilosophien. Kurz gefasst sind die innere Kraft des Menschen als Wurzel des glücklichen Lebens, die Seele als Sitz des Glücklichseins, gleichermaßen in den Begriff „eudaimonia" integriert, der damit weit über das Schicksalhafte hinausreicht.

Mit der bedeutendsten Bezeichnung für Schicksal und Glück in den antiken griechischen Quellen, mit „tyche" (τύχη), wollen wir unseren Rückblick in die Ursprünge des abendländischen Verständnisses vom schicksalhaften Glück beenden. Tyche hat von der Antike an bis zum Mittelalter eine dominante Stellung unter den Schicksalsmächten eingenommen. Mit der Göttin Tyche wurden Glück und Leid später eindeutig personifiziert. Nach einer archaischen Überlieferung war Tyche eine Tochter der Tethys und des Okeanos, somit eine Titanin, und gehörte damit zu den alten und mächtigen Gottheiten Griechenlands. In den Texten Pindars (um 522–443 v. Chr.) wird deutlich, dass Tyche eine gewichtigere Rolle im Bewusstsein der Griechen einzunehmen begann. Pindars mythisch-dichterische Weltbildung sollte den Sterblichen wohl daran erinnern, wie umfassend alles Wohl und Wehe des Menschen vom Walten dämonischer bzw. göttlicher Lebensmächte abhängt.

Die vielen Tychenachbildungen, die aus dem antiken Griechenland erhalten sind, zeigen oftmals sehr ähnliche Züge, z. B. ausdruckslose Augen oder das insgesamt ausdruckslose Gesicht der Göttin, dem eine überaus lebendige und aufwendige Gestaltung des Haares und/oder Gewandes gegenübersteht. All das spricht für orientalische Einflüsse. Aber vielleicht steht dahinter auch die Bedeutung, dass die Göttin dem menschlichen Schicksal gegenüber als gleichgültig empfunden wurde. Tyche ist für unser heutiges Verständnis vom schicksalhaften Glück zentral, denn diese Schicksalsmacht hat bis in das Mittelalter überlebt: Als janusköpfige Göttin oder als Fortuna drehte sie dort das Glücksrad, auf dem sie die Menschen mal unten und mal oben zappeln ließ.

# Viertes Kapitel

## Glücklichsein und andere positive Zustände

*Hans, als er sie mit seinen Augen in die Tiefe hatte versinken sehen, sprang vor Freude auf, kniete dann nieder und dankte Gott mit Tränen in den Augen, dass er ihm auch diese Gnade noch erwiesen und ihn auf eine so gute Art, und ohne dass er sich einen Vorwurf zu machen brauchte, von den schweren Steinen befreit hätte, die ihm allein noch hinderlich gewesen wären. „So glücklich wie ich", rief er aus, „gibt es keinen Menschen unter der Sonne." Mit leichtem Herzen und frei von aller Last sprang er nun fort, bis er daheim bei seiner Mutter war.*

*(Aus dem Märchen „Hans im Glück", nach den Gebrüdern Grimm)*

Wir haben nun das affektive Glückserleben erklärt und unsere Glückssuche von dem zufälligen und schicksalhaften Glückhaben abgegrenzt. Wir haben die Ursprünge des Glücksbegriffes und der Glückssuche der Menschheit beschrieben und sind tiefer in den Archetypus von Schicksalsmächten eingedrungen. Doch das dauerhafte Glück, das Hans im Glück erfährt und nach dem wir suchen, liegt noch im Dunkeln.

Wie wird man seines beständigen Glückes Schmied? Die moderne Glücksforschung hat sich zum Ziel gesetzt, das Glück mit wissenschaftlichen, mehrheitlich empirischen Methoden zu fassen. Grundlage bilden verschiedene Definitionen. Die Ergebnisse beschränken sich indes mehr oder weniger auf äußere Umstände, die Glücklichsein fördern, mindern oder verhindern und Unglück bzw. Gegenglück vermeiden. Auch bestimmte Persönlichkeitsmerkmale werden in ihren Abhängigkeiten zum Glücklichsein untersucht. Bringt uns das weiter? Vielleicht ein kleines Stück, weshalb wir im Folgenden auch darauf eingehen.

Heute sind im Katalog der Deutschen Bibliothek Frankfurt/Main, in der alle deutschsprachigen Monografien seit 1913 verzeichnet sind, weit über 23 000 Suchergebnisse allein zum Stichwort „Glück" zu finden. An der Erasmus-Universität Rotterdam wird die weltweit größte Datenbank mit empirischen Studien zum Glück, Wohlbefinden und zur Zufriedenheit geführt mit mehrheitlich englischsprachigen Einträgen. Sie dürfte mittlerweile um die 7 000 Titel nachweisen.

Im Jahre 1998 hat die American Psychological Association[19] in San Francisco eine Richtungsänderung in der Psychologie festgelegt: von der heilenden in die präventive, vorbeugende, auf die Verstärkung des Positiven ausgerichtete. Das war die Geburtsstunde der Positiven Psychologie[20] mit ihren bekanntesten Vertretern wie Martin Seligman, Ed Diener oder Mihaly Csikszentmihaly[21], der in Deutschland mit dem Buch über Flow bekannt geworden ist. In der traditionellen Psychologie ist die Positive Psychologie zumindest in Deutschland kaum anerkannt. Doch nahmen ihre sehr „weichen" Erkenntnisse, wie emotionale Intelligenz und Kreativität, Empathie und Altruismus, die Funktion von Lachen und Lächeln usw. einen fast unangemessenen, wenig reflektierten Einzug in die Sprache der Menschen.

Wenden wir uns zunächst einigen Begriffen zu, die Glück beschreiben oder zumindest einschließen.

Glück ist demnach ein mehr oder weniger schicksalhaftes Ereignis, das in dem Menschen einen Zustand starker Hochgestimmtheit auslöst und emotional wirksam wird. Wir können kurzfristiges und mehr oder weniger längerfristiges Glück unterscheiden. Spielt der Zufall mit, dann sprechen wir von „Glück haben". „Freude", „Lust", „Fröhlichkeit", „Entzücken", „gutes Leben", „Heil", „Sinn", „Flow" sind dem Glück sehr nahestehende Wörter, deren Positivempfindungen im Glück enthalten sein können.

Wir finden das geheimnisvolle Glück besonders gefühlvoll in dem nachfolgenden Text von Hermann Hesse dargestellt: „So lag ich, den beginnenden Morgen samt dem ruhigen Nachgefühl des Schlafes genießend, eine schöne Ewigkeit in meinem Bett, und ob ich ein gleiches oder ähnliches Glück noch andre Male in meinem Leben gekostet habe, tiefer und wirklicher konnte keines sein: die Welt war in Ordnung. Und ob dieses Glück hundert Sekunden oder zehn Minuten gedauert habe, es war so außerhalb der Zeit, dass es jedem andern echten Glücke so vollkommen glich wie ein flatternder Bläuling dem andern. Es war vergänglich, es wurde von der Zeit überspült, aber es war tief und ewig genug, um über mehr als sechzig Jahre hinweg mich noch heute zu sich zurückzurufen und zu ziehen, dass ich mit müden Augen und schmerzenden Fingern darum bemüht sein muss, es anzurufen und ihm zuzulächeln, es nachzubilden und zu beschreiben. Es bestand aus nichts, dieses Glück, als aus dem Zusammenklang der paar Dinge um mich her mit meinem eigenen Sein, aus einem wunschlosen Wohlsein, das nach keiner Änderung, keiner Steigerung verlangte."[22]

Den Zustand und das Empfinden eines glücklichen Menschen wollen wir im Folgenden als wunschloses *Glücklichsein* bezeichnen. „Wunschlos" bedeutet nicht, keine Wünsche mehr zu haben, sondern vielmehr: Das Glücklichsein hängt nicht von erfüllten oder unerfüllten Wünschen ab, deshalb: wunschlos glücklich. Wir können aber auch sagen, dass ein Mensch Glücksmomente erlebt, dann ist das Glücksempfinden einmalig oder häufiger von sehr kurzer Dauer.

Des Weiteren grenzen wir *Glücklichsein* von *Wohlbefinden* und *Zufriedenheit* ab. Wohlbefinden umfasst seelische, körperliche und soziale Aspekte. Ein rundum hohes Wohlbefinden in allen drei Bereichen bildet auch die Grundlage der Gesundheitsdefinition der WHO. Auch das Wohlbefinden kann langfristig oder kurzfristig sein, aber es geht über momentanes Erleben hinaus. Körperliches Wohlbefinden können wir z. B. bei Gartenarbeit, im Beruf und im Sport erfahren. Bei guter Gesundheit sprechen wir aber auch über einen längeren Zeitraum von körperlichem Wohlbefinden.

Soziales Wohlbefinden können wir mit unserem Lebenspartner und unseren Kindern, aber auch bei einem kurzen Besuch bei Freunden und natürlich auch bei der Arbeit erleben. Seelisches Wohlbefinden ist ein komplizierter Sachverhalt, der auch die psychische Gesundheit umfasst.

Es gibt durchaus Situationen, die unzuträglich sind, in denen der Mensch aber kurze, glückliche Momente erlebt.[23]

*Zufriedenheit* ist das Urteil darüber, ob man das, was man von der Umgebung erwartet oder was man für sich selbst erstrebt hat, auch erreichen konnte. Sie währt immer länger und erstreckt sich über bestimmte Teilaspekte des Lebens (Arbeitszufriedenheit, Leistungszufriedenheit usw.) oder aber über das Leben insgesamt, wobei Letztere als „allgemeine Lebenszufriedenheit" bezeichnet wird. Menschen, die mit weiten Bereichen ihres Lebens zufrieden sind, öffnen sich vermutlich eher für Glücksmomente.

*Arbeitszufriedenheit* gehört zu den am besten empirisch untersuchten Lebensbereichen. Erste Studien zur Arbeitszufriedenheit finden sich schon gegen Ende des 19. Jahrhunderts. Die entscheidende Größe bei der Arbeitszufriedenheit ist das Maß an Selbstbestimmung.

Ein wichtiger Aspekt bei der Messung der allgemeinen Lebenszufriedenheit ist der *Lebensstandard*, der wirtschaftliche und soziale Indikatoren umfasst. Wirtschaftlich wird er häufig durch das Bruttoinlandsprodukt (BIP) gemessen. Zu den sozialen Indikatoren gehören Bildungs- und Freizeitangebote, Gesundheitseinrichtungen, Altenheime usw. Ein gesicherter Kausalzusammenhang besteht zwischen Lebensstandard und Lebenserwartung.

Abzugrenzen von Glück ist auch die *Freude*, die umgangssprachlich häufig mit Glück gleichgesetzt wird. Freude (mhd. „vrönde" wie „froh") bedeutet ein mehr oder weniger andauerndes Hochgestimmtsein. Im Gegensatz dazu stehen Traurigkeit und Leid.

Das Wort „Freude" umfasst ein breites Spektrum. Freude spenden, vor Freude bebend, Freudenausbruch, Freudentanz, Freudenbecher, Freudenrausch, Freudenfeuer, Freudengeschrei, freudetrunken, freudlos, Freudenhaus, Freudenmädchen …

Der Psychologe Philipp Lersch definiert Freude wie folgt: „Wohl aber ist es die Freude, in der wir das erleben, was mit Glücksgefühl gemeint ist. In der dem Glücksgefühl der Freude eigentümlichen Akzentuierung des lebendigen Daseins saugen wir unser Bewusstsein voll mit dem Dasein und der Gegenwärtigkeit dessen, worüber wir uns freuen. So sagt die Freude unausgesprochen eigentlich immer ‚da ist es'."[24]

Echte Lebensfreude ist Ausdruck wunschlosen Glücklichseins, und das finden wir nur in Gelassenheit. Karl Jaspers sagt hierzu treffend in seinem Buch „Chiffren der Transzendenz": „Fröhlichkeit, Freude, wenn sie nicht nur der schöne Lebensjubel vitaler Kraft ist und mit ihr dahinschwindet, wenn sie vielmehr die Gewissheit des ewigen Ursprungs hat, dann ist sie in erfüllter Gegenwärtigkeit, solange wir da sind, immer noch und immer wieder möglich."[25]

Gehen wir noch kurz auf die Bedeutung des Begriffes „Sinn" ein, wenngleich eine weitergehende Klärung hier nicht möglich ist. „Sinn" ist eine wichtige philosophische und soziologische Kategorie. Wir verstehen Sinn als höheren Wert, Sinnsuche somit als Suche nach einem höheren Wert im Leben. Sinn beinhaltet auch eine kognitive Komponente: Es ist das zielorientierte Streben, dem Leben etwas Lohnendes, Haltgebendes oder Höheres beifügen zu können. Das Gefühl, ein vermeintlich „sinnloses" Leben zu führen, kann als Mangelerleben empfunden werden. Sinn zu empfinden, steht dem Glücklichsein nahe.[26]

Gehen wir noch kurz auf den modernen Begriff *„Flow"* ein. Bekannt wurde er durch Mihaly Csikszentmihaly[27]. Dessen zentraler Gedanke lautet, dass Lebensqualität – und damit Glücklichsein – durch das entstehe, was der Mensch mit einem bestimmten Bewusstsein tue: „Was ich ‚entdeckte', war, dass Glück nicht etwas ist, das einfach geschieht. Es ist keine Folge von angenehmen Zufällen. Es ist nichts, was man mit Geld kaufen oder mit Macht bestimmen kann. Es hängt nicht von äußeren Ereignissen ab, sondern eher davon, wie wir diese deuten – Glück ist vielmehr ein Zustand, für den man bereit sein muss, den jeder Einzelne kultivieren und für sich verteidigen muss. Menschen, die lernen, ihre inneren Erfahrungen zu steuern, können ihre Lebensqualität bestimmen, dies kommt dem, was wir Glück nennen, wohl am allernächsten."[28]

Flow bezeichnet einen Zustand hoher Motivation, bei dem man so in eine Tätigkeit vertieft ist, dass nichts anderes eine Rolle zu spielen scheint.[29] Voraussetzungen für Flow sind demnach u. a. ein geordnetes Bewusstsein, Disziplin, innere Ruhe, Konzentration. Vertiefung in die Arbeit und sportliche Aktivitäten können Flow hervorrufen, aber auch einfache Tätigkeiten, in die man sich versenkt. Das Gefühl des Flows selbst ist eigentlich nichts Neues. Wie oft haben wir vielleicht selbst schon gesagt: „Mein Gott, jetzt war ich so vertieft (in eine Tätigkeit, wie z. B. Gartenarbeit, Lesen, Stricken, Malen, Fotos einkleben, Hören …), da habe ich glatt die Zeit vergessen!" Wir sprechen beim Flow allerdings nicht von Glück, sondern von Glücklichsein.

Und damit nähern wir uns der Frage, ob der Mensch für sein Glücklichsein selbst verantwortlich ist. Überdies bleibt zu prüfen, welche Lebensumstände das Glücklichsein fördern und Leid mindern können.

# Fünftes Kapitel

## Woran unser Herz hängt – äußere Umstände und Glück

*Das Glück der anderen, es sei dein Glück.*

### Erfolg, Gesundheit und Glück

Die empirische Glücksforschung will mithilfe von Befragungen oder Experimenten die Zusammenhänge zwischen äußeren Bedingungen und bestimmten Stufen des Wohlbefindens und Glücklichseins messen. Aus den Antworten und gewonnenen Erkenntnissen sollen u. a. Handlungsvorschläge für Politik, Gesellschaft und den Einzelnen folgen. Zu den äußeren Bedingungen werden die Umwelt und räumliche Umgebung, die Art und Weise des Zusammenlebens, Arbeit und Freizeit, monetäre Aspekte, Bildung und Wohlstand, medizinische Versorgung, Ernährung, politische Verhältnisse, Kultur und Bildung usw. gezählt. Die Frage muss aber auch umgekehrt gestellt werden: Wie wirken glückliche, gelassene Menschen auf andere und auf soziale Beziehungen? Welche *Tendenzen* lassen sich aus der Vielzahl der Einzelergebnisse ableiten?

Der Wirtschaftswissenschaftler und Psychologe Richard Layard ermittelte sieben nach seiner Auffassung wichtige Faktoren, die auf dem Handeln anderer beruhen und die das Glück des Einzelnen beeinflussen sollen. Diese Glücksfaktoren seien: familiäre Beziehungen und Freundschaften, finanzielle Lage, Arbeit, soziales Umfeld, Gesundheit, persönliche Freiheit, Lebensphilosophie.[30]

Durch den World Value Factor werden im internationalen Vergleich ganze Nationen hinsichtlich ihres Glücksindexes verglichen. Daraus lassen sich externe Faktoren ableiten, die den oben genannten, wie Layard feststellt, ähnlich sind und die den Glücksindex der Nationen beeinflussen: Scheidungs- und Arbeitslosenquote, Vertrauen, Mitgliedschaft in weltlichen Organisationen, Qualität der Regierung, Religiosität.[31]

Die amerikanischen Forscher Sonja Lyobomirsky, Laura King und Ed Diener[32] haben in einer umfangreichen Meta-Analyse die Wirkung des Glücklichseins (happiness) auf Erfolg in verschiedenen Lebensbereichen herausgearbeitet. „Happiness" definieren sie als das häufige Erleben positiver Gefühle wie Freude, Stolz, Interesse usw. und das seltene Erleben negativer Affekte wie Angst oder Traurigkeit. Von innerer Ruhe oder Gelassenheit sprechen sie indes nicht. Da die von ihnen genannten positiven Gefühle langfristig aufträten, entspreche die Glücksdefinition weitgehend dem Wohlbefinden oder auch dem längerfristigen Glücklichsein (im Englischen auch chronicle happiness) und ziele nicht nur auf kurzfristiges Erleben. Um die Zusammenhänge bewerten zu können, haben die Forscher zum Teil auch die Zufriedenheit mit einbezogen, die eher kognitiv und nicht affektiv orientiert sei. Dabei stellten sie fest, dass in diesem Sinne „glückliche" Menschen in nahezu allen Bereichen des Lebens „erfolgreicher" waren als solche, in denen langfristig negative Gefühle und Bewertungen dominierten. Selbst auf die Lebenserwartung oder auf die Anzahl der Unfälle scheint den Ergebnissen zufolge das Wohlbefinden oder Glücklichsein positiv zu wirken. Wobei immer die Frage dahintersteht, was woraus folgt.

Es ist wie im Sport. Sporttreibende sind in der Regel gesünder und zufriedener als Sportabstinente. Aber sind es vielleicht die Zufriedenheit und Gesundheit, die zum Sporttreiben führen? In der Regel ist wohl beides im Spiel. Mit aufwendigen statistischen Methoden versuchen die Forscher, auch die Richtung der gegenseitigen Beeinflussungen zu messen.

Gesundheit wird, wie wir schon dargestellt haben, von der Weltgesundheitsorganisation nicht nur als Abwesenheit von Krankheit verstanden, sondern auch als körperliches, seelisches und soziales Wohlbefinden. Dass jemand, der sich selbst als gesund bezeichnet, auch sagen würde, dass er sich wohlfühlt – und vice versa – ist demnach per definitionem schon festgelegt. Doch wissen wir Gesundheit überhaupt zu schätzen oder erleben wir sie erst als wertvoll, wenn sie verloren ging?

Der Glücksforscher und Ökonom Richard Layard schreibt dazu: „Unsere Gesundheit ist uns zwar sehr wichtig, aber sie ist nie der entscheidende Glücksfaktor. Das mag daran liegen, dass wir beachtliche Fähigkeiten haben, mit körperlichen Einschränkungen zu leben. Gesunde Menschen überschätzen oft das Leid, das Menschen mit Krankheiten oder Behinderungen empfinden. Woran wir uns aber nie gewöhnen, sind chronische Schmerzen und psychische Erkrankungen – Empfindungen, die nicht etwa unsere äußeren Aktivitäten beeinträchtigen, sondern die von innen heraus kommen."[33]

Ein Blick in die europäische Mentalitätsgeschichte[34] zeigt, dass Krankheiten und insbesondere Siechtum schon seit der Antike, und sicherlich auch schon früher, als das größte Übel der Menschheit angesehen wurden. Die existentielle Bedrohung durch Krankheiten oder auch Kriegsverletzungen versuchte man durch Magie, Schamanen, Zauberer, Religion und medizinischen Erkenntnisfortschritt zu bewältigen. Die Grundlage dazu bildeten die Philosophie, aus der medizinische Erkenntnisse hervorgingen, und in den oberen Soziallagen auch Körperübungen und Sport.

Im Mittelalter änderte sich das Schreckensbild nicht, zumal der Tod der tägliche Begleiter des Menschen war. Ein Menschenleben zählte damals wenig. Eingebettet in den christlichen Glauben, wertete man Krankheiten als Fügung, als Strafe Gottes oder als irdische Prüfung. Barmherzigkeit führte zu mehr Mitgefühl mit Kranken, deren Dasein aber damals erbärmlich war.

Hat sich in der heutigen Gesellschaft viel geändert? Die modernsten medizinischen Heilmethoden und eine in den westlichen Gesellschaften umfassende medizinische Versorgung vermögen die Angst vor körperlichen Leiden und Siechtum im Alter nicht zu nehmen. Das spiegeln auch die empirischen Ergebnisse einer eigenen[35] repräsentativen Befragung von mehr als 1 400 Erwachsenen in der Bundesrepublik wider, die wir 2009 und 2010 zu verschiedenen Themen, darunter auch über Angst, durchführten. Mehr als 55 % antworteten auf die Frage, wovor sie sich derzeit am meisten fürchten, mit: „krank zu werden". Hinzu kommen noch viele weitere, frei niedergeschriebene Antworten, welche die Sorge um Krankheit geliebter Menschen, Siechtum oder Hilflosigkeit im Alter beinhalten. Übertroffen wird in dieser Studie die Angst vor Krankheit nur von der Sorge, einen geliebten Menschen zu verlieren (57 %).

Wir erkennen: Es dominieren Angst vor Schmerzen, Hilfsbedürftigkeit, Verlustängste und die Furcht vor Einsamkeit und dem Alleinsein. Die Urängste haben ihre Schrecken nicht verloren – die Menschheit leidet daran.

Wie schwer es ist, damit umzugehen, belegt z. B. ein Memorandum zur psychosozialen Lage in Deutschland, das von leitenden Ärzten deutscher psychosomatischer Kliniken 2010 verbreitet wurde und in dem es einleitend heißt: „Wir sind Fachleute, die Verantwortung für die Behandlung seelischer Erkrankungen und den Umgang mit psychosozialem Leid in unserer Gesellschaft tragen. Wir möchten unsere tiefe Erschütterung über die psychosoziale Lage unserer Gesellschaft zum Ausdruck bringen. In unseren Tätigkeitsfeldern erfahren wir die persönlichen Schicksale der Menschen, die hinter den Statistiken stehen. Seelische Erkrankungen und psychosoziale Probleme sind häufig und nehmen in allen Industrienationen ständig zu. […] Der Anteil psychischer Erkrankungen an vorzeitigen Berentungen nimmt kontinuierlich zu. Sie sind inzwischen die häufigste Ursache für eine vorzeitige Berentung. Psychische Erkrankungen und Verhaltensprobleme bei Kindern und Jugendlichen nehmen kontinuierlich zu. Psychische Störungen bei älteren Menschen sind häufig und nehmen ständig zu […]."[36]

Weshalb leiden Menschen heute wie früher so sehr? Warum verdunkeln Ängste das Leben, anstatt dass Freude und Glücklichsein es erhellen? Wir werden versuchen, darauf zu antworten.

Betrachten wir nun im Folgenden einige Lebensbereiche, die die Glücksforschung in den Blick nimmt.

**Arbeit**

Arbeit und Arbeitszufriedenheit, wir wiesen bereits darauf hin, gehören zu den am genauesten untersuchten Lebensbereichen.

Arbeitszufriedenheit sei als emotionale Lage definiert, die habituell vorgeformt ist und in ihrem aktuellen Niveau durch die Erfüllung individueller Ansprüche an die Arbeit bestimmt wird. Je weniger das Anspruchsniveau mit der Arbeitswirklichkeit divergiert, desto höher ist die Arbeitszufriedenheit. Sie entspringt aus unmittelbarem und gedanklich verarbeitetem Erleben von Tätigkeit, sozialem Status und weiteren damit in Zusammenhang stehenden Variablen. Abhängig von der Persönlichkeitsstruktur (Alter, charakterliche Eigenschaften, Bildungsniveau, Gesundheitszustand, Erfahrung, motorische Geschicklichkeit) wird die Arbeitszufriedenheit objektiv durch Inhalt, Anforderungen und Bedingungen der Arbeit sowie deren soziale Vergütung und Anerkennung determiniert. Damit spiegelt Arbeitszufriedenheit komplexe Beziehungen des Einzelnen zur Umwelt wider.

Arbeitsfreude und Arbeitszufriedenheit, aber auch das Gesundheitsempfinden, sind drei sehr wichtige Einflussgrößen in der Biografie des Individuums und damit für seine Glücksbilanz. Das Verhältnis zwischen Bildung und Arbeitszufriedenheit bleibt deshalb bis heute ein lohnender Forschungsgegenstand.

In westlichen Gesellschaften war und ist Arbeit für die meisten Menschen weit mehr als nur „das halbe Leben". Seit der bekannten soziologischen Studie von Marie Jahoda und anderen[37] in dem kleinen österreichischen Ort Marienthal bei Wien zu Beginn der 1930er-Jahre gilt: Arbeit ist sinngebend und strukturiert das Leben. Länger andauernde Arbeitslosigkeit macht viele Betroffene krank. Die Wissenschaftler Marie Jahoda und Paul Lazarsfeld verbrachten mehrere Monate in dem Ort, um die Folgen von Langzeitarbeitslosigkeit zu erforschen, denn die ganze Gemeinde war während der Weltwirtschaftskrise davon betroffen. Nach einiger Zeit schien es den Forschern, als ob die Uhren in Marienthal stehen geblieben wären, die Bewohner hatten jedes Zeitgefühl verloren. Das Leben der Menschen schien in Zeitlupe zu verlaufen. Was unter Arbeitsstress ersehnt wird, nämlich Frei-Zeit, erwies sich bei den Langzeitarbeitslosen als verhängnisvoller Kreislauf: Niemand wusste mehr, die freie Zeit, die zuhauf zur Verfügung stand, zu nutzen. Der Ort verfiel in Agonie. Das tägliche Leben wurde von den Bewohnern zunehmend als inhaltslos und wenig lebenswert empfunden. Langsamkeit breitete sich in allem aus und niemand war mehr in der Lage, das Leben sinnvoll zu gestalten.

Auch die Bedeutung der sozialen Beziehungen während der Arbeit wurde früh in den 1930er-Jahren in den Hawthorne-Studien von Elton Mayo[38] und anderen nachgewiesen. Sie ermittelten in wiederholten Befragungen und Beobachtungen, dass die sozialen Beziehungen am Arbeitsplatz weitaus stärker auf die Arbeitszufriedenheit und die Motivation wirken als äußere Faktoren, wie z. B. monetäre

Anreize. Selbstbestimmung, so die vielfältigen wissenschaftlichen Befunde, ist der wichtigste Faktor für Arbeitszufriedenheit. Doch ist das auch abhängig von der Persönlichkeit des Menschen, unter denen es viele gibt, bei denen Freiheit Ängste auslöst und die lieber streng geführt werden möchten. Es ist die Kunst der klugen Führungskraft, diese Potenziale in den Einzelnen zu entdecken und zu fördern. Dabei wurde vieles, was heute die Managementwissenschaft als wichtig und neu vorlegt, längst gesagt.

Sonja Lyobomirsky, Laura King und Ed Diener[39] verweisen auf zahlreiche Studien, in denen belegt wurde, dass glückliche Menschen häufig ein erfolgreiches Arbeitsleben führen. Nicht nur, dass diese leichter und erfolgreicher eine adäquate Arbeit fänden, sie würden sich auch als produktiver und belastbarer erweisen. So gebe es bei ihnen weniger Stress- und Burn-out-Erkrankungen.

Arbeit kann dem Leben einen Sinn geben, und das gilt für jede Position und fast alle Tätigkeiten (nicht für Arbeit, die anderen Schaden bringt). Für glückliche Menschen ist es weniger wichtig, was sie tun, als die Art und Weise, wie sie es tun. Wie Arbeit empfunden wird – ob als sinngebend, freudeerfüllt – hängt von der inneren Haltung der Individuen ab. Glückliche Menschen sind zudem in der Lage, positiv auf soziale Beziehungen am Arbeitsplatz zu wirken. Bei ihnen regieren weniger Neid und Missgunst als ehrliches Leistungsstreben und Mitgefühl.

**Wirtschaftswachstum und Geld**

Geld gehört zu den wichtigsten Institutionen des Marktes und der Gesellschaft. Und sicherlich hat es heute global und im Leben des Einzelnen eine besonders herausragende Bedeutung. Alle sind damit in irgendeiner Form beschäftigt, die, die es haben, ebenso wie diejenigen, denen es fehlt. Wir meinen, dass innere Ruhe und Gelassenheit unabhängig vom monetären Status des Einzelnen sind. Sie sind nicht käuflich.

Geld ist nicht nur Tauschmittel und Wertmesser, sondern es hat noch mehr Funktionen: Man hat ihm sakrale Bedeutung ebenso zugeschrieben wie einen sozialen Charakter.[40] Menschen verbinden mit Geld Macht, Freiheit, Attraktivität und Karriere. Welche Bedeutung Geld für den Einzelnen hat, hängt von zahlreichen Faktoren ab. Je mehr das Individuum innengeleitet ist, desto mehr verliert Geld an Magie und desto weniger strebt es nach der Befriedigung von „Scheinbedürfnissen". Scheinbedürfnisse führen zur Sucht: Kaufsucht, Sexsucht, Rauschmittelsucht, Computersucht, Spielsucht ... Auch Schulden haben negative Auswirkungen auf das Glücklichsein.

Macht mehr Geld glücklicher? Von den traditionellen Wirtschaftswissenschaften wurde sehr lange das Bruttosozialprodukt als allgemeiner Gradmesser für Wohlstand bewertet. Doch zeigen Forschungsergebnisse, die über längere Zeiträume und in verschiedenen Ländern erhoben wurden, dass ein Zusammenhang zwischen steigendem Bruttosozialprodukt – und damit wachsendem Wohlstand – und der Anzahl derjenigen, die sich selbst als glücklich einschätzen, kaum nachweisbar ist. Dennoch schafft der Wohlstand einer Nation bessere Voraussetzungen für die durchschnittliche allgemeine Lebenszufriedenheit der Bevölkerung als ein Leben in Armut und Elend. Der Wirtschaftswissenschaftler Richard Layard zitiert in diesem Zusammenhang den englischen Sozialreformer Jeremy Bentham, der es treffend auf den Punkt brachte: „Schaffe alles Glück, das du schaffen kannst, beseitige alles Elend, das du beseitigen kannst. Jeder Tag schenke dir aufs Neue die Möglichkeit, etwas zum Glück eines anderen Menschen beizutragen oder ihm einen Teil seiner Sorgen zu nehmen. Für jeden Keim an Freude, den du im Herzen eines anderen legst, wirst du in deinem eigenen Herzen Ernte finden. Und für jede Sorge, von der du die Seele und die Gedanken eines anderen Menschen befreien kannst, wird in deiner Seele Freude und ein wunderbarer Friede einkehren."[41] Hierin liegt das Geheimnis wunschlosen Glücks.

Warum macht es letztlich nicht zufriedener, mehr Geld zu haben? Das hängt von vielerlei Faktoren ab: z. B. davon, dass man sich daran gewöhnt, mehr oder viel Geld zu besitzen; von der Bedürfnisstruktur des Einzelnen; vom Gerechtigkeitsempfinden und Vermögen des sozialen Umfelds; von Statusinkonsistenz (beispielsweise Bildung minimal versus „Geld wie Heu") oder von veränderten Werten. Wenn alle mehr Geld haben, zählt das eigene „Mehr" nicht. Oft kostet das Geldverdienen persönliche Freiheit und den Großteil der Lebenszeit, zulasten anderer Lebensbereiche. Zudem muss das Wohlstandsniveau, das bei der einen Generation zum Wohlbefinden führte, dasselbe nicht auch bei der darauffolgenden bewirken. Dort gelten vielleicht schon andere Maßstäbe und Werte. Während z. B. die Nachkriegsgeneration als eines der höchsten Lebensziele Grund, Boden und Immobilien betrachtete, steht Grundbesitz heute häufig im Gegensatz zur gesellschaftlich geforderten Flexibilität. Viele Erben empfinden die Bindung an die „eigene Scholle" gar als Last. Welchen Wert das materielle „Mehr" für den Einzelnen besitzt, ist offensichtlich auch immer von einem Vergleich abhängig. Wenn alle reicher werden, wird das nicht als so sehr glücklich machend empfunden, als wenn man als Einziger oder Einzige im sozialen Umfeld mehr verdient oder erbt oder den Wohlstand heben kann. Auch das Gerechtigkeitsgefühl ist entscheidend: Wir sind zufriedener, je mehr wir meinen, materiell gerecht behandelt zu werden.[42] Wenn alle weniger verdienen, dann ist auch der Einzelne eher bereit, das zu akzeptieren. Doch was ist gerecht? Soziale Ungleichheit erscheint vielen als ungelöstes Problem. Indes, wie weit soll nivelliert werden und wie wirkt sich das auf Leistungsbereitschaft und Glücksgefühl aus? Zudem divergiert das Gerechtigkeitsgefühl bei den Menschen.

Wie Geld vom Einzelnen bewertet wird, hängt zudem wesentlich davon ab, wie es verdient wurde. Unehrlich, leicht oder durch Zufall erworbenes Geld hat, wie Finanzpsychologen festgestellt haben, weniger Wert für den, der es besitzt. Lottogewinner verlieren oft in kürzester Zeit ihr Vermögen, weil sie den Wert weder einschätzen noch sparsam mit dem Geld umgehen können.

Bei allen wissenschaftlichen Befunden bleibt doch der große Rest an Schicksalhaftigkeit: Japan zählte bislang in der Glücksforschung zu den reichen Ländern mit hohem Lebensstandard, mit höchster Lebenserwartung und auch einer vergleichsweise hohen Zahl an Menschen, die sich selbst als glücklich einschätzten. Wie ratlos, auch wütend und demütig stehen wir vor den Schicksalsschlägen, die dieses Land 2011 ereilten. Und angesichts solcher Ereignisse stellt sich dringend die Frage: Wie nutzt der Mensch die ihm gegebene Freiheit?

Armut und Gelassenheit schließen sich indes nicht aus, frei gewählte Armut findet man sogar häufig bei spirituell Suchenden. Doch wo fängt Armut an, wo hört sie auf? Kaum sinnvoll ist die Verherrlichung von Armut. Sie darf nicht mit Bescheidenheit und Selbstbeschränkung verwechselt werden. Bittere Armut kann Hunger, schlechte Luft, verunreinigtes Wasser, Kriminalität, Diktatur, Kinderarmut und Kindersterben, Gewalt gegen Frauen, mangelhafte medizinische Versorgung, niedrige Lebenserwartung, Kriege, zerstörte Umwelt, Müll und ein abgestumpftes Dasein nach sich ziehen. Als ein wichtiges Mittel im Kampf gegen Armut werten wir alle Bereiche der Bildung: die humanistische, die Fachbildung, aber auch die Herzensbildung. In diesem Sinne weckt das Projekt „Schulfach Glück", das seit 2007/2008 von Ernst Fritz-Schubert[43] zunächst in der Willy-Hellpach-Schule in Heidelberg begonnen wurde, positive Erwartungen. Die Schüler werden in diesem Fach mit ihrer eigenen Lebensfreude konfrontiert. Soziale Gemeinschaft, der Wille zur Leistung und die Freude daran, körperliches und mentales Gesundheitsbewusstsein und konzentriertes Zuhören, Stärkung des Selbstbewusstseins, Ernährung stehen u. a. auf diesem Lehrplan. Innere Ruhe und Gelassenheit bleiben unerwähnt.

**Freiheit**

Heute spricht man häufig von „Entgrenzung" und meint damit ein Zuviel an Freiheit. Welche Grenzen benötigt der Mensch, um sich wohlzufühlen? Das ist bei jedem anders. Macht unbegrenzte Wahlfreiheit eher Angst und daher krank? Das hängt von jedem Individuum selbst ab, von seinem Entwicklungsstand. Darauf gehen wir später noch ein.

Seit mehr als einem Jahrzehnt ermitteln das Wall Street Journal und die Heritage Foundation ein weltweites Ranking für wirtschaftliche Freiheit. Ökonomische Freiheit wird dabei als fundamentales Recht verstanden, die eigene Arbeit und das Vermögen zu kontrollieren. In einer ökonomisch freien Welt seien die Individuen frei, um zu arbeiten, zu produzieren, zu konsumieren und zu investieren, unabhängig und gleichzeitig geschützt vom Staat.

„In other words, individuals in an economically free society would be free and entitled to work, produce, consume, and invest in any way they choose under a rule of law, with their freedom at once both protected and respected by the state."[44]

Zu den Top-Ten-Ländern im Jahr 2011 gehören: Hongkong, Singapur, Australien, Neuseeland, Schweiz, Kanada, Irland, Dänemark, Amerika und Bahrain. Deutschland liegt auf Platz 23; die Schlusslichter bilden Venezuela, Eritrea, Kuba, Zimbabwe, Nord-Korea.

Im Zusammenhang von Freiheit und Freizügigkeit und Glücklichsein ist auch die Frage nach dem Gemeindeleben zu stellen. Stefan Klein[45] spricht in seinem Buch „Die

Glücksformel" sehr gelungen von dem magischen Dreieck des Wohlbefindens, dessen Eckpunkte Bürgersinn, sozialer Ausgleich und Demokratie seien. Schweizer zeigen sich mit ihrem Leben umso zufriedener, je mehr sie die Kantonspolitik mitgestalten können.[46]


## Soziale Beziehungen

Die Frage, in welcher Beziehung Glücklichsein und Familienbeziehungen oder Einsamkeit stehen, wird häufig populär beantwortet. Allein zu sein, wird in westlichen Gesellschaften negativ gewertet. Selbst gewählte Einsamkeit wird häufig nicht ernst genommen oder missverstanden. Aus Einsamkeit Kraft zu gewinnen, bleibt nur wenigen vergönnt. Als glücklich gilt, wer in zahlreiche soziale Netze und Aktivitäten eingebunden ist. Social networking ist die modernste Form sozialen Handelns und Kommunizierens. In der Soziologie bezeichnet man, zurückgehend auf Pierre Bourdieu, James Coleman und Robert Putnam, gut funktionierende soziale Beziehungen als „soziales Kapital". Viele Menschen fühlen sich erst lebendig durch andere: An der Einschätzung durch andere orientiert sich ihr Leben – und sie merken es nicht. Schon in den 1950er-Jahren sprach der Psychologe Abraham Maslow[47] von „self-actualization", einem Prozess, in dem man zu dem werden könne, was man wirklich ist – weitgehend unabhängig vom Urteil anderer.

Empirische Studien bestätigen, dass verlässliche Freundschaften, harmonische Partnerschaften und befriedigende Arbeitsbeziehungen das Glücklichsein fördern. An anderer Stelle sprechen wir über Liebe und Mitgefühl, über Achtsamkeit und das Geschenk des konzentrierten Zuhörens. Das sind für uns Voraussetzungen für tragende Beziehungen in allen Bereichen des Lebens.

Zahlreiche Studien belegen, dass unfreiwilliges „Alleine-Leben", so von Geschiedenen, Verwitweten oder Menschen, die trotz intensiven Suchens keinen Partner finden können, krank und unglücklich macht. Andere Studien verweisen darauf, dass kinderlose Verheiratete eine höhere Lebenserwartung haben als Singles und dass sie sich selbst als glücklicher einschätzen. Kinder scheinen nur zu Beginn einer Partnerschaft zu größerem Glücklichsein beizutragen. Indes, wir sprechen hier von Tendenzen, denn jedes Leben, jede Partnerschaft und jede Familie ist anders und empirisch schwer in ihrer Glücksbilanz zu erfassen.

Damit schließen wir den Blick auf die moderne Glücksforschung und ihre fragmentarischen Erkenntnisse über äußere Umstände und Glücklichsein. Und – sind wir der Beschreibung des wunschlosen Glücks nun näher, nachdem wir ausgewählte äußere Einflussgrößen besprachen? Es bleibt Unzufriedenheit, denn alles, was wir aufführten, erweist sich meist als wenig dauerhaft und von geringer Tiefe: Die Gesundheit wird irgendwann schwächer; Ehen und Freundschaften zerbrechen; wir verlieren vielleicht Haus und Hof; Geld zerrinnt, Wohlstand wächst und schmilzt; wir verlieren die Arbeit oder sie erfüllt uns nicht mehr. Veränderung, in jeder Sekunde, in jeder Minute und an jedem Tag unseres Lebens. Und dabei schwebt die größte, unabänderliche Veränderung, das Vergehen, drohend über uns. Mit jeder Sekunde kommen wir dem Tod näher. Äußere Umstände führen nicht weiter bei der Suche nach dauerhaftem Glück. Inwieweit sind wir wirklich unseres Glückes Schmied, insbesondere wenn Leid uns trifft?

# Sechstes Kapitel

## Gibt es Glück ohne Leid?

*Kein Unglück trifft dein Herz, machst du es nicht dazu.*[48]
*(Plutarch, um 45 – um 125)*

Zunächst einmal lautet die eindeutige Antwort auf die oben gestellte Frage: Nein! Leid ohne Glückserfahren gibt es aber auch nicht. Es sind die zwei Seiten einer Medaille, die das Leben ausmachen; sie gehören zusammen. Wie stark wir Glück und Leid empfinden, hängt von unserer Bewertung ab, von unserem Bewusstsein, davon, ob es mehr dualistisch oder vom Einheitserleben geprägt ist – wir kommen darauf zurück.

„Leid" ist ein Wort, das der Wurzel nach zunächst Negatives beinhaltet. Im ältesten Ursprung, heute fast vergessen, ist es verbunden mit dem Feindlichen, dem zugefügten Bösen im Gegensatz zum Liebevollen (Grimms Deutsches Wörterbuch).

Ausgehend vom Alt- und Mittelhochdeutschen, verbinden wir mit Leid Kummer, Trauer, etwas Ungutes, Unliebes, Unangenehmes, Schlechtes. Leid erstreckt sich so vom leichten Seelenkummer bis hin zu tiefem seelischem oder chronischem Schmerz. Auch gibt es den Liebeskummer, der sich nicht lohnt.

„Schmerz" ist ein sinnverwandtes Wort. „Etwas leid zu sein" meint, einer Sache oder Person überdrüssig zu sein oder es bzw. sie nicht mehr ertragen zu können.

Die andere Seite der Medaille bedeutet, mit jemandem Mit-Leid zu empfinden, also Mitgefühl zu haben. „Leid" und „leiden" stehen somit für sehr verschiedenartige Ereignisse und Gefühle. Leiden kann dem Glücklichsein nah und fern sein. Der einzige Zustand des Leidens, der wohl jedes Glücklichsein ausschließt, ist die schwere Depression.

Welches ist der Gegensatz zu Leid? Nach dem Deutschen Wörterbuch der Gebrüder Grimm[49] sind es Freude und Lust. Leid und Freude – sogleich stellt sich die Frage: Worüber Freude, woran leiden? „Sich freuen" und „leiden" lassen sich entsprechend der jeweiligen Ursache sehr unterschiedlich bewerten. Leiden am Neidgefühl; Leiden wegen unerträglicher Schmerzen, Durst oder Hunger? Oder unvorstellbares Leiden, wenn ein Kind im Sterben liegt – also tiefstes Mitleiden? Leiden unserer selbst wegen oder wegen anderen? Das Spektrum scheint schier unendlich, und die Gegensätze sind es nicht minder.

Schon das Alte Testament lässt verschiedene Ursachen für Leid erkennen: als Prüfung, als Schuld nach vorangegangener Sünde, als erzieherische Maßnahme des strengen Gottvaters usw.

Auch einige Sprüche, aus dem Mittelalter überliefert, spiegeln die Ambivalenz: Kein Freud ohne Leid. Geteiltes Leid ist halbes Leid. Etwas auf den Tod nicht leiden können. Der Gerechte muss viel leiden. Leiden sind Lehren. Leid ist der Esel zum Glück. Was des einen Leid, ist des anderen Freud. Leiden ist heilig, wer's kennt. Leid ist ohne Neid. Leiden währt nicht immer, Ungeduld macht's schlimmer. Leiden und danken ist die beste Hofkunst. Was will'st nicht leiden, sollst du meiden. Viel Leid ist vergessen in 24 Stunden …

Mit dem Leben wurde dem Menschen das Wunder der Willens- und Entscheidungsfreiheit gegeben. Daraus folgen Verantwortung und Pflichten: so die Arbeit für seinen Unterhalt; Ehe und andere enge Beziehungen; Erziehung und Bildung der Kinder; Pflege von Bedürftigen; Erhalt der Umwelt; Ethik und Moral, Werte und innere Leitbilder; Kunst, Musik, Wissenschaft; Körperbildung – und nicht zuletzt Arbeit am Geist. Damit verbunden sind zwangsläufig Umwege, Fehler, manchmal Verbrechen und vielgestaltige Probleme – also Leid und Leiden.

Wie lässt sich Leid überwinden? Auch hier stehen am Anfang Fragen: Welchem Leid soll entgegnet werden? Welche Ursachen liegen ihm zugrunde? Was können wir dagegen tun?

Die Beziehung zwischen Leiden und Glücklichsein, Freud und Leid sind ein wesentlicher Teil der Geschichte des Menschen. In einem Satz zusammengefasst: Die Menschheit leidet. Das muss nicht so sein. Mystiker, vor allem aus Buddhismus und Christentum, sprechen und zeugen davon: Wirkliches Glück ist nur auf dem Weg zum Gelassensein zu erreichen und überwindet Leid. Mitleid und selbstloses Helfen mindern eigenes Leid.

Das Höchste, nennen wir es Gott, steht dem Leidenden näher als denen, die durch kurzzeitig befriedigte Scheinbedürfnisse (ich will haben, ich will nicht haben) glücklich scheinen. Am nächsten steht Gott wohl denen, die nicht um sich selbst willen leiden – den Gelassenen.

Meister Eckhart bemerkt in seinem „Buch der göttlichen Tröstung": „Nun gebt Acht, alle Verständigen! Das schnellste Tier, das euch zu dieser Vollkommenheit trägt, ist das Leiden; denn es genießt niemand mehr ewige Süßigkeit als die, die mit Christus in der größten Bitterkeit stehen. Es ist nichts galliger als Leiden, und es gibt nichts Honigsüßeres als Gelitten-Haben; es entstellt nichts mehr den *Leib* vor den *Leuten* als Leiden, hingegen ziert nichts mehr die *Seele* vor *Gott* als Gelitten-Haben."[50]

Nicht wenige Mystiker kasteiten sich und suchten Leid, um Gott näher zu sein. Das ist der falsche Weg. Das Leiden der Menschen wirkt auf drei Ebenen: direkt als physischer und geistiger Schmerz, als empfundenes Unglück aus Veränderung und schließlich die tiefere Stufe von Leidgefühlen, die aus Ursachen und Bedingungen entstehen, die nicht unserer Kontrolle unterliegen.

Rainer Manstetten[51] spricht im Zusammenhang mit Meister Eckharts Werk von einem „Test des Leidens", an dem sich das Maß der Gelassenheit eines Menschen erkennen lässt. Wenn man seine Fähigkeit beobachtet, inwieweit man annehmen kann – auch Leid, Trennung, Kummer aller Art –, kann man daraus das erreichte Maß an Gelassenheit erkennen. Dabei darf das Annehmen nicht mit passivem Hinnehmen verwechselt werden. „Ein Mensch, der jede Gegenwart als Gabe Gottes annimmt, vertraut darauf, dass jede Gegenwart seinem Leben entspricht."[52]

Meister Eckhart unterscheidet dreierlei Betrübnis, die „den Menschen anrührt und bedrängt in diesem Elend. Die eine kommt aus dem Schaden an äußerem Gut, die andere aus dem Schaden, der seinen Verwandten und Freunden zustößt, die dritte aus dem Schaden, der ihm selbst widerfährt in Geringschätzung, Ungemach, körperlichen Schmerzen und Herzensleid".[53]

Ob und inwieweit Unglück und Leid den Menschen treffen und wie er sie verarbeitet, hängt von der jeweils erreichten Bewusstseinsebene ab. Auch hier ist also jeder weitgehend seines Glückes Schmied. Gedanken und wahrgenommene Ereignisse werden erst durch Bewertung zu Gefühlen und Emotionen. Dem Grad des Gelassenseins entspricht die Bewertung des Wahrgenommenen, und davon wiederum hängt ab, welche Gefühle und Antworten entstehen.

„Durch regelmäßige Meditation, durch das Üben des offenen Gewahrseins und der Achtsamkeit kann das Schmerzgedächtnis allmählich deprogrammiert werden. Versöhnung mit der Realität wird möglich, weil man sich nicht mehr mit einem Teil identifiziert: Ich bin nicht mein Körper, nicht meine Meinung, nicht meine Erinnerungen. Ich bin nicht die Summe meiner Erfahrungen, nicht meine

Traumata, nicht mein Wissen, nicht meine soziale Rolle etc. *Alles bleibt, wie es ist, und doch lächele ich."*[54]

Wie der Mensch die ihm geschenkte Freiheit nutzt, was ihm an Vollkommenem gelingt, welchen Schaden er anrichtet, wie viel Leid er verursacht, ob er nach unten bis ins Tierische absinkt oder nach oben Göttlichsein offenbart – es liegt an ihm. Sich von der Macht des Bösen und des Leidens zu befreien, beginnt beim Begreifen der Ursache allen Unglücks.

# Siebtes Kapitel

## Weshalb lässt Gott Leid zu?

*Es gab Zeiten in meinem Leben, da kam mir der Gedanke: Der Unterschied zwischen Mensch und Mensch kann größer sein als der zwischen Mensch und Regenwurm.*

*Dieter Voigt*

*Ich [Paulus von Tarsus, gestorben nach 60] bin überzeugt, dass die Leiden der gegenwärtigen Zeit nichts bedeuten im Vergleich zu der Herrlichkeit, die an uns offenbar werden soll.*

*(Röm 8,18)*

Weshalb lässt Gott – schließlich ist er allmächtig und unser Schöpfer – das Böse gewähren, vielleicht sogar bis zur Selbstvernichtung der Menschheit? Das ist eine wichtige und, seit die Menschen über sich selbst nachdenken können, die immer wieder und wohl die am häufigsten gestellte Frage. „Lieber Gott – warum lässt du das zu?" Von Gott wird erwartet, dass er eingreift. „Lieber Gott, hilf!", „Herrgott, bitte lass uns nicht allein!" Mit ein paar Sätzen lässt sich die Frage nicht klären. Die Antwort liegt auf drei Schwerpunkten:
*Wer oder was ist Gott?*
*Wer trägt die Verantwortung?*
*Der Weg zur Befreiung.*

## Wer oder was ist Gott?

Geist lässt sich nicht auf irgendetwas beschränken. Alles, und darin stimmen die großen Mystiker der bedeutenden Glaubensrichtungen überein, kommt aus dem Geist, ist

Geist und wird wieder zu Geist, Geist ist die Essenz von allem! So heißt es u. a. im Johannesevangelium (4,24): „Gott ist Geist und alle, die ihn anbeten, müssen [ihn] im Geist und in der Wahrheit anbeten." Für die Christen erfolgt die Anbetung Gottes so über den Heiligen Geist.

Folgen wir der Physik, dann könnte letztendlich alles aus reiner Information entstanden sein. Ist Geist die Quelle der Information?

Gott ist keine Person, nicht für uns verantwortlich und steht nicht über uns wie ein Herrscher, oberster Richter, Tribun, König, allmächtiger Gebieter. Das Göttliche ist weder Mann noch Frau. Unserem Verstand ist er nicht zugänglich. Das Höchste, das dieser Begriff verkörpert, ist nur erfahrbar; wir können nur ergriffen in Demut und Dankbarkeit vor ihm stehen. Wem das wirklich gelingt, den hat ein Funke davon erreicht, er ist gelassen und unverletzlich.

„Du sollst dir von Gott kein Bildnis machen" – ja, es schlüge fehl, es wäre falsch und führte in die Irre.

Lassen wir hier die Begine Marguerite Porète[55] (um 1250/1260–1310) sprechen. Sie gibt Zeugnis, wie eine Frau durch Erfahren des Göttlichen zu völliger Hingabe an das Höchste gelangte und so die Macht des Irdischen überwand. Nur ein Wort gegen das, was sie tief ergriffen schrieb, hätte ihr vielleicht das Leben gerettet. Porète widerrief nicht und wurde auf dem Scheiterhaufen verbrannt; sie war unverletzlich und frei.

In ihrem Buch „Der Spiegel der einfachen Seelen" sagt Marguerite Porète über das in Worte nicht zu Fassende (vielleicht will sie damit rechtfertigen, weshalb sie überhaupt darüber schreibt): „Ich tat wie einer, der das Meer in sein Auge einschließen, die Weltkugel auf der Spitze eines Binsenrohres tragen oder die Sonne durch eine Stocklaterne oder eine Fackel heller machen wollte! Ich war noch törichter als einer, der dies tun wollte, als ich Geltung verschaffen wollte einer Sache, die man nicht sagen kann, und ich es auf mich nahm, diese Worte aufzuschreiben. Doch damit nahm ich meinen Lauf und leistete mir Beistand, um zum letzten Ende zu gelangen in der Seinsweise, von der wir reden, die in Vollkommenheit besteht, wenn die Seele ohne Gedanken im reinen Nichts verweilt – und nicht vorher."[56]

„Gott" oder „göttlich" stehen für die höchste Wirklichkeit, für das Vollkommene, das Wunderbare, das Unvorstellbare. Und, der Mensch ist davon nicht getrennt; er ist Teil des Göttlichen, Gott und Mensch sind eins. Gott und der Mensch sind wie Meer und Welle: Die Welle ist das Meer. Wenn die Welle zu einem Tsunami wird, dann denkt das Meer nicht daran einzugreifen. Das kann es auch gar nicht, denn der Tsunami ist Teil des Ganzen. Nicht zu trennen sind so auch gut – böse. Dazwischen liegen Welten, doch dazu später mehr.

**Wer trägt die Verantwortung?**

Dem Menschen wurde weitgehende Willens-, Entscheidungs- und Handlungsfreiheit gegeben. Ebenfalls gegeben wurde ihm die Möglichkeit, sich geistig (Bewusstsein), kognitiv (Bildung, Erkenntnisfähigkeit) und körperlich höher zu entwickeln. Daraus folgt Verantwortung des Individuums auf der Grundlage von Ethik und Moral, verinnerlichten Werten, Normen und ungeschriebenen Gesetzen.

Pico della Mirandola[57] (1463–1494) verfasste im Alter von 24 Jahren eine bemerkenswerte „Rede über die Würde des Menschen". Damit wollte er am 7. Dezember 1486 in Rom die Disputation über seine 900 Thesen eröffnen, wozu er die Gelehrten der Universitäten Europas eingeladen hatte. Damals war deren Zahl noch überschaubar; Frauen waren nicht darunter. Aber die Geladenen kamen nicht. Die Rede wurde nie gehalten. Der Papst verwarf später die Thesen und untersagte die Disputatio. Wir zitieren aus dem Manuskript, was Mirandola Gott dem Menschen sagen lässt, als er ihn in die Welt stellte: „Keinen bestimmten Platz habe ich dir zugewiesen, auch keine bestimmte äußere Erscheinung und auch nicht irgendeine besondere Gabe habe ich dir verliehen, Adam, damit du den Platz, das Aussehen und alle die Gaben, die du dir selber wünschst, nach deinem eigenen Willen und Entschluss erhalten und besitzen kannst. Die fest umrissene Natur der übrigen Geschöpfe entfaltet sich nur innerhalb der von mir vorgeschriebenen Gesetze. Du wirst von allen Einschränkungen frei nach deinem eigenen freien Willen, dem ich dich überlassen habe, dir selbst deine Natur bestimmen. In die Mitte der Welt habe ich dich gestellt, damit du von da aus bequemer alles ringsum betrachten kannst, was es auf der Welt gibt. Weder als einen Himmlischen noch als einen Irdischen habe ich dich geschaffen und weder sterblich noch unsterblich dich gemacht, damit du wie ein Former und Bildner deiner selbst nach eigenem Belieben und aus eigener Macht zu der Gestalt dich ausbilden kannst, die du bevorzugst. Du kannst nach unten hin ins Tierische entarten, du kannst aus eigenem Willen wiedergeboren werden nach oben ins Göttliche."[58]

Treffender lässt es sich kaum sagen. Wie dem auch sei: Ob Gott oder ein göttliches Programm hinter der Planck'schen Mauer all das entstehen ließ – ist das nicht gleich angesichts des Wunderbaren, das dem Menschen gegeben wurde?

„Welche übergroße Freigebigkeit des Vatergottes, welch übergroßes und bewundernswertes Glück des Menschen, dem gegeben ist zu haben, was er wünscht, und zu sein, was er zu sein verlangt."[59]

In diesem Rahmen sind das Individuum und das Kollektiv ihres Glückes Schmied. Einwenden lässt sich hier, dass viele Einzelschicksale und Naturereignisse nicht selbstverschuldet sind. Das trifft zu. Oft stechen sie hervor und werden häufig mit Zufall, Benachteiligung und Unrecht assoziiert. Es sind Ausnahmen, letztendlich bestätigen sie die Regel.

Unwissenheit – genauer: Ferne zur Weisheit – bleibt selbstverschuldet. Gemessen an den sich daraus ergebenden Folgen ist sie Sünde. Was der Mensch aus sich und mit dem ihm geliehenen Planeten macht, ist seine Sache. Das gilt für alle Lebensbereiche und Institutionen, besonders folgenschwer für Politik, Bildungs- und Erziehungswesen sowie Massenmedien. Das Volk hat die Regierung, die Politiker und Politikerinnen, die es verdient, und muss die Konsequenzen tragen. Stets bleibt die entscheidende Frage: Welche Motive leiten den Menschen; wer sucht Macht und weshalb? Nur, wer fragt schon danach oder gar, woran das zu erkennen sei?

Wir können nicht die Verantwortung auf Gott schieben; wir sind für uns selbst verantwortlich. Die dem Menschen gegebene Freiheit schließt zwingend die Verantwortung ein! Freiheit ohne Verantwortung gibt es nicht.

**Der Weg zur Befreiung**

Eigentlich ist damit die Eingangsfrage, weshalb Gott das Böse zulässt, beantwortet. Indes, was ist das Schlechte und warum klagt der Mensch Gott an, wenn Unglück ihn trifft, Leid und Schmerz ihn plagen und das Leben seine Wünsche nicht erfüllt?

Die Antwort lautet: Weil das Individuum ein unzutreffendes Verständnis von seinem Ich und Gott hat. Es denkt nur in voneinander getrennten Gegensätzen; beispielsweise: Hier bin ich und dort ist Gott und er ist schließlich für mich da.

Das Wahrnehmen und Denken in trennender Polarität, beispielsweise: gut – schlecht, ich – du, mein – dein, gelassen – egoistisch, Liebe – Hass, schön – hässlich, klug – dumm, freundlich – unfreundlich, arm – reich, sind das Produkt eines wirklichkeitsfremden Bewusstseins. Natürlich gibt es Unterschiede auf der Skala unendlich vieler

Abstufungen. Sie müssen erkannt werden und sich im Wahrnehmen, Denken und Tun des Individuums niederschlagen!

Die Gegensätze erscheinen im trennenden Bewusstsein als eigenständig. Die Wirklichkeit ist anders. Bei allen Unterschieden sind die Gegensätze nicht wirklich getrennt. Sie verkörpern ein Ganzes, eine Einheit, so wie z. B. die zwei Seiten einer Münze. Differenziert ist das Beispiel heiß – kalt. Hier bestehen in der wohl unschwer zu erkennenden Einheit unendlich viele Temperaturschwankungen.

Unser Atem – er verbindet Körper und Geist und ist für den spirituellen Weg tragend – zeigt am treffendsten die Absurdität der vorgespiegelten Eigenständigkeit. Ein- und Ausatmen sind ein Ganzes.

Das dualistische Kategorisieren schließt die Einheit aus und führt zu einem verhängnisvollen Weltbild.

Egoismus und Liebe sind in starker Ausprägung höchst gegensätzlich. Letztlich ist es aber auch hier wie bei der Münze, beide Seiten gehören zusammen. Ichanhaftung ist Mangel an Liebe. Das Böse, die dahinterstehende kriminelle Energie und das daraus resultierende menschenunwürdige Wollen und Tun sind die Folge von Ichdominanz. Sünde ist Mangel an Liebe und das Gegenteil von Liebe ist Hass, die selbstzerstörerischste Kraft, die wir kennen. Ichfixiertheit entsteht stets aus fehlendem Gelassenhaben.

„Das Mysterium des Bösen scheint mir nichts anderes zu sein als die Egozentrik des Menschen und die Verweigerung der Selbsttranszendenz. Diese Egozentrik offenbart das Mysterium dessen, was wir böse nennen. Das Böse hat mit Moral zunächst nichts zu tun. Es ist die Verweigerung, sich zum Ganzen hin zu öffnen, die Verweigerung, das Ego zu überschreiten und sich evolutionsgerecht zu verhalten. Wenn wir das Evolutionsgeschehen verfolgen, dann bedeutet ein Mangel an Selbsttranszendenz die Ursache für den Untergang."[60]

Das Böse ist Mangel an Gutem. Gutes zu tun, schwächt das Schlechte. Allein schon das Beobachten von bösen Gedanken, Wut, Neid ... mindert deren Wirkung in uns!

Die Extrempunkte der Gegensätze haben mehr symbolischen Charakter. Heilige treten kaum hervor und sie sind wahrscheinlich auf der Erde recht ungleich verteilt. Gesandte des Bösen mit ihren verschiedenen Dienstgraden zeigen sich dagegen schon öfter, und da es ihnen häufig gelingt, viel Macht an sich zu reißen, bringen sie Verblendung (falsches Bewusstsein), schweres Leid und Unglück über die Menschen.

Gott und Teufel – gegensätzlicher geht es nicht, aber sie sind nicht voneinander zu trennen und in ihrer „Reinform" eher selten. Je „nach dem ers macht", kann der Mensch „Gott oder Teufel sein"[61]. Recht hat Johannes Angelus Silesius: Der Mensch ist wirklich (auf der Erde) das „größte Wunderding". Welch ein Privileg.

Auf der ihm gegebenen Skala der Möglichkeiten liegt es an ihm selbst, wohin und inwieweit er sich entwickeln will. Nähern kann sich das Individuum der Vollkommenheit in dem Maß, in dem es ihm gelingt, Ichhaftung (Egoismus) durch das Entwickeln von Mitgefühl, Liebe und Gelassensein zu schwächen. „So viel du Gott gelässt, so viel mag er dir werden."[62]

Plutarch (um 45 – um 125), den besonders Bildung und Liebenswürdigkeit auszeichneten – Qualitäten, die heute kaum Ruhm begründen –, wusste das bereits vor mehr als 1 800 Jahren. In der Abhandlung „Von der Ruhe des Gemütes" berät er seinen Freund Paccius und sagt: „In der Mischung von Gutem und Schlechtem verliert das Unglück seine Gewalt."[63] Das Schlimme solle man durch das Bessere erhellen und das Böse so in das Gute hüllen, dass daraus die Harmonie des Lebens entstünde. Ruhe und Glück kommen nicht von außen, der Mensch trägt sie in sich – das ist eine der wertvollsten Einsichten dieses poetischen Philosophen. Was das Böse oder das Unglück in uns anrichten, welche Macht sie über unsere Gefühle erlangen, es liegt allein an uns selbst.

Nehmen wir als letztes Beispiel den von den meisten Menschen am extremsten empfundenen Gegensatz und den folgenschwersten Irrtum: Leben und Tod. Es gibt den Unterschied, aber beide sind nicht getrennt, sondern eins. Aus dualistischer Sicht bedeutet Sterben „mein Untergang", „mein Ende", „ich bin nicht mehr", „ich verliere alles". Das Individuum möchte der Vergänglichkeit entfliehen, die Dinge behalten, sich nicht verwandeln.

Im Bewusstsein des Gelassenen bedeutet der Tod das Übergehen in die höchste Wirklichkeit, dessen Teil er ist und aus dem er entstand.

Jäger sagt hierzu: „Vollkommene Geschöpfe sind wir erst, wenn wir das, was wir Vergänglichkeit nennen, als Lebensglück erfahren. [...] Ich bin überzeugt, dass wir uns als Menschen so weit entwickeln werden, dass uns der Tod nicht mehr schreckt, sondern wir uns auf die nächste Existenz freuen. Wir werden den Tod als den großen Verwandler erkennen und begrüßen. [...] Geborenwerden, Leben und Sterben sind die Vollkommenheit des Lebens."[64]

Da also nicht der Herrgott den Menschen das Böse aus dem Weg räumt, müssen sie das selbst tun. Das gelingt allerdings nur, wenn die Zahl der dem Gelassensein nahestehenden Individuen eine kritische Schwelle überschreitet, wobei das erstrangig für Führungspersönlichkeiten gilt.

Das bedeutet erstens, Bildung, Lernen und Erziehung, Verhalten und Handeln auf dieses Ziel auszurichten, und zweitens, Führungspersönlichkeiten vorrangig nach dem Grad der verinnerlichten Gelassenheit und den fachlichen Fähigkeiten auszuwählen.

Am weitesten von dieser Notwendigkeit entfernt sind wir wohl bei den Funktionsträgern und -trägerinnen von Macht! Es ist ein Anachronismus mit schwerwiegenden Folgen, wenn außengeleitete (beispielsweise eitle, selbst- und machtsüchtige, unehrliche), dem Gelassensein fernstehende Personen in Führungspositionen gelangen.

Umgekehrt müsste es sein. Sehen Sie sich die Führungspersönlichkeiten in Politik und Regierung, im Banken- und Medizinsystem, in Ministerien … an. Gute Erziehung und Bildung haben bei der Vergabe von Machtpositionen kaum Gewicht. Gelassenheit – und damit verbundene Eigenschaften wie Hilfsbereitschaft, Bescheidensein, Demut, Dankbarkeit, Mitgefühl, Lauterkeit, Wertorientiertheit – erscheinen da eher hinderlich. Ersparen wir uns hier das Aufzählen von Karriere fördernden Eigenschaften.

Sicher, in den einzelnen Staaten, Ländern und Völkern kann das sehr unterschiedlich sein. Überall aber gilt: Die Qualität – also die Ferne oder die Nähe zur Gelassenheit – der Personen, die in Macht- und Vorbildpositionen gelangen, bleibt in allen Gesellschaften entscheidend für die geistige Entwicklung, für die Stufe des erreichten Bewusstseins.

Die bevölkerungsreichste funktionierende Demokratie auf der Erde ist die ehemalige britische Kronkolonie Indien. Was wäre dort ohne die Gelassenen Mahatma Gandhi (1869–1948) und Jawaharlal Nehru (1889–1964)? Warum verlief die Entwicklung in Pakistan so ganz anders?

Die Menschheit trägt schwer an ihrer Verantwortung. Arbeit am Geist bleibt der Schlüssel zum Gelassenwerden. Das kollektive Bewusstsein formt sich aus dem Einzelnen. Je mehr Menschen sich dem Gelassensein nähern, umso mehr wird sich das Leiden mindern. Einen anderen Weg zu wirklichem Glücklichwerden gibt es nicht. Es ist schon so, wie Albert Einstein (seit 1930) wiederholt hervorhob: Nicht durch schöne Reden werden gelassene Persönlichkeiten geformt, sondern durch gelebte Vorbilder, eigene Arbeit und eigene Leistung. „Der wahre Wert eines Menschen ist in erster Linie dadurch bestimmt, in welchem Grad und in welchem Sinn er zur Befreiung vom Ich gelangt ist."[65]

Die politische Klasse, die Macht- und Entscheidungsträger, die Kriterien für Stellenbesetzungen und unser Erziehungs- und Bildungssystem sind darauf nicht ausgerichtet. Und die Pädagogik? Von Ausnahmen abgesehen, blieb das zentrale Problem der Menschheit, die Höherentwicklung des Bewusstseins außerhalb des Horizonts dieses Faches. Nichts finden wir dort, wo der Kern der pädagogischen Forschung liegen müsste. Und wie steht es mit unserem staatlichen Bildungswesen? Von der Universität bis zum Kindergarten – wiederum von Ausnahmen abgesehen – stellt sich die Situation nicht anders dar. Jäger hält Pädagogik und Bildungspolitik vor, was sie versäumen und was gerade von dort kommen müsste: „Diese Ignoranz gegenüber der Spiritualität halte ich für das größte Manko unseres gesamten Bildungswesens. Wir trainieren unseren Verstand fünfzehn und zwanzig Jahre. Aber wir haben kein Kurrikulum, um Anlagen im Menschen zu entwickeln, die ihn in eine viel umfassendere Erfahrung führen können, als der Verstand das vermag."[66]

Wir fügen hinzu: Der Verstand wird in unserem Bildungswesen höchst unzulänglich trainiert; stattdessen wird hauptsächlich Wissen vermittelt, das bald überholt und noch schneller vergessen wird. Und im Religionsunterricht ist das kaum anders. Die Heranwachsenden lernen weder, wie sie lernen sollen, noch werden mit ihnen die wichtigsten Eigenschaften, die die Entwicklung der Persönlichkeit bestimmen, geübt: Konzentration, Gedächtnis, Fantasie, Kreativität, innere Ruhe, Achtsamkeit, Disziplin, Streben nach Erkenntnis, Demut, Lauterkeit, Dankbarkeit, Mitgefühl, Hilfsbereitschaft, Achtung vor dem Leben und dem anderen, Loslassen … Es fehlen innere Werte; sie werden von unseren Bildungs- und Erziehungsinstitutionen kaum vermittelt. Es zählen Fachwissen – was das auch sein mag – und „soziale Kompetenz", die nicht (und damit abweichend von der Definition dieses Begriffes) auf verinnerlichten Werten, auf inneren Leitbildern beruhen. Der „außengeleitete Mensch", orientiert an auf Konsum und Prestige ausgerichteten Normen, getrieben von immer neuen Scheinbedürfnissen, bleibt das uneingestandene Ziel dieser Bildung und Erziehung. Gelebtes Vorbild – meist belächelt – hat in einem solchen System keinen Platz.

Fassen wir die wichtigsten Gedanken dieses Kapitels noch einmal zusammen. Die Frage lautete: Warum verhindert Gott das Böse nicht?

Gott ist weder unser Diener, Richter oder Vormund noch unser allmächtiger Gebieter. Gott, das Göttliche, ist das unvorstellbar Vollkommene. Mensch und Gott sind eins, so wie heiß und kalt oder gut und böse nicht zu trennen sind.

Neben der Verfügungsmacht über den wundervollen blauen Planeten bekam der Mensch Freiheit für sein Denken, Wollen, Entscheiden und Tun. Darin eingeschlossen erhielt er die Fähigkeit, sich geistig, kognitiv und körperlich höher zu entwickeln. Aus diesen kostbaren Gaben folgen logisch Pflichten und Verantwortung. Der Mensch allein ist verantwortlich für das, was er daraus macht. Auf der Erde ist der Mensch das Maß aller Dinge. Ist er das wirklich?

In dem Grad, wie sich das Individuum dem Gelassensein nähert, gewinnt das Göttliche in ihm Raum und das sogenannte Böse muss zurückweichen.

Schließen wir hier mit einem kleinen Märchen: „Es war einmal ein böser alter Mann. Er muss wohl mit dem Teufel im Bunde gewesen sein. Nichts von dem, was er in seinem Leben getan hatte, war gut – nur Leid säumte seine Spur. Als er an die Pforte zum Paradies anklopfte, fragte Petrus: ‚Was führt dich her? Du kennst doch nur den Weg zur Hölle. Im Buch deines Lebens finde ich nichts Liebes. Doch, einmal, da hast du einen Regenwurm, der zu vertrocknen drohte, in feuchter Erde vergraben. Warum hast du das getan?' Der Alte antwortete: ‚Weil er meinen Acker locker hält.' Traurig wies ihm Petrus den Weg nach unten und schloss die Himmelstür."

# Achtes Kapitel

## Was kennzeichnet einen glücklichen Menschen?

*Gelebtes Mitgefühl zerstört Selbstsucht und ist der Schlüssel zum Gelassenwerden. Glücklich ist, wen das Glück des anderen leitet.*

Jedes Individuum hat seine eigene Glücksbilanz. Sein glücksbezogener Zustand liegt irgendwo auf der Strecke zwischen den Extremen. Zum besseren Verständnis beschreiben wir hier den Idealtypus, dem nur wenige Menschen entsprechen. Es ist so wie beim Gelassensein – allein sich ihm nähern zu dürfen, bedeutet schon großes Glück.

Glückvolles Tun ist zeitlos. Der glückliche Mensch ist wunschlos glücklich, unerfüllte Wünsche, Ängste, Niederlagen, Kränkungen, Schicksalsschläge werfen ihn nicht aus der Bahn. Er reagiert gelassen. Seine Gefühle sind stabil positiv; sie schwanken nicht zwischen übersteigerter Euphorie und Depression. Der glückliche Mensch verbreitet Fröhlichkeit, seine Grundstimmung ist heiter, optimistisch, herzlich, humorvoll und von einer tiefgreifenden inneren Ruhe getragen. Er ruht in sich, ist mitfühlend, spontan hilfsbereit. Er weiß um sein Glücklichsein, ist dankbar und strahlt Kraft und Unverletzlichkeit aus.

Der wirklich glückliche Mensch schenkt von Herzen gern. Er trennt nicht zwischen Geben und Empfangen; seine Freude am Geben übertrifft oft die des Beschenkten. Das Glück des anderen steht dem Glücklichen näher als sein eigenes. Er ist selbstlos bei ausgeglichener Balance; seine Selbstliebe ist angemessen. Seine Sinne sind geschärft im Gegensatz beispielsweise zum Verliebtsein oder zu Panikzuständen; er lebt im Augenblick, ist wertegeleitet und strahlt innere Freude, Herzlichkeit, Güte und Zufriedensein aus. Böses steht ihm fern; in seinen Augen spiegelt sich Glücklichsein. Er lächelt viel, es ist echt und sein Humor verbreitet Frohsinn.

Liebe und Glück sind nicht zu trennen und folgen aus Gelassenheit. Das Maß der Liebe ist Selbstlossein. Liebe schafft meist auch Liebe.

Wir können nur wiederholen: Das Geheimnis wahren Glücks liegt im Gelassensein. Ob Glückliche darum wissen oder nicht – all ihr Tun, Wahrnehmen, Fühlen, Denken und Bewerten sind davon geleitet. Nicht aus erfüllten Wünschen folgt unser Glück, sondern aus dem Maß, wie wir andere glücklich machen. So scheint es nicht schwer, einen glückvollen Menschen zu erkennen, sich über ihn zu freuen und von ihm zu lernen.

# Neuntes Kapitel

## Spirituelles Erfahren und Sprache am Beispiel der Gelassenheit

*Ein Schriftzeichen, sieben Zeichen, drei oder fünf Zeichen.*
*Das Weltall habe ich nach der Wahrheit durchforscht.*
*Nichts konnte ich finden.*
*Nun kommt die Nacht herbei,*
*der Mond wirft seine weißen Strahlen über das Meer.*
*Und wenn ich diesen Edelstein zu fassen suche,*
*so liegt sein Schimmer auf jeder Welle.*[67]
  (Zenmeister Hsueh-t'ou Ch'ung-hsien, 980–1052)

Inwieweit kann unsere Sprache das Göttliche abbilden? Wir unterscheiden zwischen nonverbaler und verbaler Sprache. Die Ausdrucksmöglichkeiten Ersterer sind unvergleichlich feiner, tiefer und authentischer als unsere wortgetragene Kommunikation. Hinzu kommt, dass Sprache ohne Worte über unbegrenzte Möglichkeiten verfügt, sich zu artikulieren. Dazu gehören insbesondere: Gesichtsausdruck, Lächeln, Lachen, Gebärden, Körperhaltung, Kleidung, Bewegung, Hände und Füße; Musik, Kunst, Skulpturen, Gemälde, Bilder, Handwerk, Kultur, Arbeit, Handeln und Verhalten. Was mit Worten nicht zu sagen ist – und nur ein Bruchteil unseres Denkens lässt sich auf Begriffe reduzieren – stößt im Nonverbalen noch lange nicht an seine Grenzen. Die Werke von Johann Sebastian Bach (1685–1750), Ludwig van Beethoven (1770–1827), Wolfgang Amadeus Mozart (1756–1791), Leonardo da Vinci (1452–1519), Matthias Grünewald (1470–1528), Albrecht Dürer (1471–1528), Michelangelo (1475–1564), Peter Paul Rubens (1577–1640) … sind göttlich. Lässt sich das verbal auch nur annähernd ausdrücken?

Verbale Sprache ist eine erhebliche Reduktion von dem, was gedacht wird. Zwischen Denken und der Wiedergabe im Verbalen können Welten liegen.

Da sich das Göttliche weder denken noch begreifen lässt – es ist nur erfahrbar –, entzieht es sich dem verbalen Sprachvermögen. Einzig das Ergriffensein spiegelt dann den Hauch vom Vollkommenen.

Sprache kann Wirklichkeit abbilden, und das meisterhaft (denken wir nur an Mörike, Shakespeare, Rückert, Schiller …) – es sind stets die Sprachen der jeweiligen Zeit, Kultur, der menschlichen Gemeinschaft und des individuellen Ausdrucksvermögens. Gleichzeitig gilt: Es bleibt immer nur ein Bruchteil von der Wirklichkeit – eben die der Sprache, die nicht nur abbildet, sondern auch formt. Je tiefgründiger, größer, inhaltsreicher und komplexer die beschriebene Wirklichkeit, umso weniger kann unser Begriffssystem davon erfassen.

Diese Sprache ist eben nur eine Stufe in der Entwicklung menschlichen Ausdrucks. Die Sprachkompetenz ist bei den Individuen sehr unterschiedlich; auch das erschwert oft einen niveauvollen verbalen Gedankenaustausch. Wie gesagt, die nonverbale ist der verbalen Sprache weit überlegen, wahrscheinlich gewinnt in Zukunft die nonverbale Kommunikation an Bedeutung. Das hat in den von uns untersuchten Zusammenhängen mit Gelassensein beachtenswerte Konsequenzen. Wenn der Mensch der Zukunft Mystikerin bzw. Mystiker ist – und das erscheint uns sehr wahrscheinlich –, dann folgt daraus auch eine Aufwertung der nonverbalen Sprache. Es könnte eine direkte „Sprache" sein, ohne den Umweg über komplexe, schwer abgrenzbare und oft abweichend definierte und verstandene Begriffe, die, wenn sie nicht verfälschen, das Verstehen erschweren.

Wenden wir uns im Folgenden den Ursprüngen des Wortes „Gelassenheit" zu, die beispielhaft das Ringen des Mystikers Meister Eckhart um das Erfahren von Göttlichem zum Ausdruck bringen.

## Geburt in der Mystik: das Wort „Gelassenheit"

Während „Glück", wie schon festgestellt, wohl das schönste Wort der deutschen Sprache darstellt, ist „Gelassenheit" das inhaltsschwerste. Beide Wortschöpfungen stammen aus der Zeit des Hochmittelalters, jenem „fernen Spiegel", über den wir schon in dem Kapitel über das Glück (gelücke) geschrieben haben.

„Gelassenheit" ist ein Wort, das von dem bedeutenden Mystiker Meister Eckhart gebildet wurde und das einzigartig und nicht zu übersetzen ist. Wer war jener große deutsche Mystiker, dem wir diese Wortschöpfung verdanken?

Meister Eckhart wird etwa um 1260 in Hochheim bei Gotha als Sohn eines Ritters geboren.[68] Er stirbt vor dem 30. April 1328 entweder in einem Dominikanerkloster in Avignon oder auf der Heimreise oder in Köln. 1325 ist ein Inquisitionsprozess gegen Eckhart eröffnet worden. Seine letzte Reise nach Avignon unternimmt er 1327, um vor einer Theologiekommission seine Thesen zu verteidigen.

Doch zurück zu seinem Lebenslauf, der weiterhin Gegenstand wissenschaftlicher Forschung und daher bisher noch nur in Teilstücken genau zu rekonstruieren ist. Wir stellen deshalb nur wichtige Stationen des Mystikers dar.

Um 1275 dürfte Eckhart als Novize in das Dominikanerkloster in Erfurt eingetreten sein, um dort nach einem einjährigen Noviziat die Profess abzulegen. Etwa 1289 könnte die Priesterweihe stattgefunden haben. Es ist durchaus möglich, dass Eckhart in diesem Erfurter Zeitraum auch in Köln weilt und dort u. a. mit Albertus Magnus (um 1200––1280) zusammentrifft. Wahrscheinlich immatrikuliert Eckhart sich 1290 in Paris.

1294 wird er Prior des Erfurter Dominikanerklosters und Vikar der Ordensnation Thuringia. Zudem ist ab 1294 urkundlich belegt, dass der Dominikanermönch „frater Ekhardus" als „lector sententiarum" an der theologischen

Fakultät zu Paris die Sentenzen des Petrus Lombardus lektoriert hat. 1303 wird Eckhart erster Provinzial der neu gegründeten Provinz Saxonia, bestehend aus 47 bis 50 Männer- und neun Frauenkonventen. Da er an den Generalkapiteln teilnimmt, hat er lange, gefährliche Fußmärsche zu bewältigen.

Von 1311 bis 1313 wird er wieder auf den Pariser Lehrstuhl berufen, vermutlich aus taktischen Gründen, um sich einerseits dort mit den Franziskanern auseinanderzusetzen und auch um bei den eigenen Brüdern für Ordnung zu sorgen.

1314 erhält Eckhart einen Sonderauftrag: die Betreuung und Aufsicht der süddeutschen Frauenklöster mit Amtssitz in Straßburg, dem Vorort der Teutonia. Als besondere Aufgabe ist ihm auferlegt, die „gefährliche" Spiritualität der „mystischen" Frauen in geregelte Bahnen zu lenken. Zu diesem Zeitpunkt zählt man in der Teutonia über 65 Frauenklöster und zusätzlich allein in Straßburg ca. 85 Beginen-Konvente. Unter den Klöstern befinden sich, wie die „Schwesternbücher" der Teutonia bezeugen, Hochburgen weiblicher Mystik, häufig geprägt durch Leidensmystik, immer aber durch „spirituelle Hochspannung"[69]. Genannt seien hier beispielhaft die Klöster Unterlinden (Colmar) mit Katharina von Gebersweiler und Agnes von Hergheim; Töß (Winterthur) mit Elisabeth Stagel, einer geistigen Tochter Seuses; Ötenbach (Zürich) mit der Schweizer Mystikerin Elsbeth von Oye; Engelthal mit Christine Ebner; Adelhausen (Freiburg im Br.) mit Anna von Munzingen.

„Mit der Frau erhält mystische Spiritualität eine neue Dimension. Das affektive Element, das besonders in der zisterziensischen Liebes-, Christus- und Marienmystik bisher nie gekannte devotionale Qualität und neue Ausdrucksformen hervorbrachte, wird beherrschend. Mit ihm eröffnet sich die Welt der Visionen und Auditionen, personenbezogenen Manifestationen des göttlichen Herrn und Geliebten, die der ‚minnenden Seele' gnadenhaft und unbegreiflich zuteilwerden. Die Entrückungen nehmen extreme Formen an, dauern Stunden und Tage oder häufen sich in kurzen Abständen, was allen Erfahrungen der Väter und monastischen Theologen widerspricht."[70]

In einigen der in diesen Klöstern verfassten Chroniken und Schriften spiegelt sich das Werk Meister Eckharts wider, der bald in den Verdacht der Kirche gerät, pantheistisches Gedankengut zu pflegen. 1317 eröffnet der Straßburger Bischof Johann I. von Zürich die erste Phase der Verfolgung der Begarden und Beginen. Manche der Verfolgten schwören ab, einige fliehen und viele werden hingerichtet.

Ob Meister Eckhart zwischen 1313 und 1324 die Oberaufsicht über die oberrheinischen Frauenklöster innehat, ist umstritten. Auf jeden Fall erhält er 1322 den Auftrag, das Benediktinerinnenkloster Unterlinden in Colmar zu „zivilisieren".

1323/24 geht Eckhart zum Generalstudium der Dominikaner nach Köln und übernimmt dort den einzigen theologischen Lehrstuhl, den vor ihm Albertus Magnus (um 1200–1280) innehatte. Nebenbei predigt er vor den Dominikanerinnen in St. Gertrud, den Zisterzienserinnen in St. Mariengarten und den Benediktinerinnen in St. Makkabäer.

Wir zählen somit das Jahr 1325, als der Mystiker Meister Eckhart in mittelhochdeutscher Sprache im Benediktinerinnenkloster St. Makkabäer zu Köln über das Gelassensein und die Liebe predigt: „Wer sich gänzlich (nur) einen Augenblick ließe, dem würde alles gegeben. Wäre dagegen ein Mensch zwanzig Jahre lang gelassen und nähme sich selbst auch nur einen Augenblick zurück, so ward er noch nie gelassen. Der Mensch, der gelassen hat und gelassen ist und der niemals mehr nur einen Augenblick auf das sieht, was er gelassen hat, und beständig bleibt, unbewegt in sich selbst und unwandelbar – der Mensch allein ist gelassen."[71]

Um seine Lehre den häufig spirituell stark ergriffenen Frauen eindrücklicher vermitteln zu können, bediente sich Meister Eckhart der Muttersprache und war zudem gezwungen, dieser neue, abstrakte Formen hinzuzufügen, die dem Inhalt mehr gerecht würden als das fremde, formale Lateinische. Als Elsbeth von Oye ihm ihr inneres Leiden auf dem spirituellen Weg klagte, das sie sich selbst nicht erklären konnte, habe Meister Eckhart ihr geantwortet, dass das Gottes Wille sei, dem sie sich in freier Gelassenheit hingeben solle.[72]

Meister Eckhart wurde sprachschöpferisch in drei Bereichen aktiv:[73] bei Wortneuschöpfungen, Wortbildungen gleich Wortkompositionen und bei der Umdeutung des herkömmlichen Wortschatzes in der Sprache der Mystik. Es gilt derzeit als gesichert, dass folgende deutsche Wortbildungen auf Meister Eckharts Werk zurückzuführen sind: Gelassenheit und Gelassensein, Abgeschiedenheit, Bildung, Einbildung, Anschauung, Einigung, Grundlosigkeit, Innigkeit, Einfluss, Unbegreiflichkeit, Ursprünglichkeit, Vernichtung, Ausbruch, Wesenheit, Zufall.

Das Wort „Gelassenheit" ist vor Meister Eckhart im deutschen Wortschatz nicht nachgewiesen und es gibt auch kein lateinisches Äquivalent. Als Substantiv finden wir es im Werk Eckharts nur ein Mal – und dennoch wurde es zum wohl wichtigsten Wort der deutschen Sprache. Allerdings sind auch die Wörter „lassen" und „gelassen" in den Predigten des Meisters hier zuzuordnen; sie sagen doch das Gleiche. Das Substantiv „Gelassenheit" finden wir belegt in den „Reden der Unterweisung": „Solange lerne man sich lassen, bis man nichts Eigenes mehr besitzt. Alles Gestürm und aller Unfriede kommt allemal vom Eigenwillen, ob man's merke oder nicht. Man soll sich selbst mit allem dem Seinen in lauterem Entwerden des Wollens und Begehrens in den guten und liebsten Willen Gottes legen und mit allem dem, was man wollen und begehren mag in allen Dingen. Eine Frage: Soll man sich auch allen süßen Gottgefühls mit Willen entschlagen? Kann das dann nicht auch wohl aus Trägheit und geringer Liebe zu ihm herrühren? Ja, gewiss wohl: wenn man den Unterschied übersieht. Denn, komme es nun von Trägheit oder von wahrer Abgeschiedenheit oder Gelassenheit, so muss man darauf achten, ob, wenn man innerlich so ganz gelassen ist, man sich in diesem Zustande so erfindet, dass man dann Gott genau so treu ist, wie wenn man im stärksten Empfinden wäre […]."[74]

Meister Eckhart versucht in seinen Predigten und den anderen überlieferten Schriften, das für uns Menschen Unaussprechliche auszudrücken, er redet über das, was unsere Sprache nicht fassen kann, denn er will den Weg zur Gotteserfahrung erklären. So lesen wir in seinem Werk (u. a. Predigt 53) von Gott als ungesprochenem Wort, das sich selbst spricht. Wenn Gott sein Wort in der Seele des Menschen gebäre und es dort erhört würde, dann kehrten wir Menschen über Jesus Christus heim zu unserem ursprünglichen Grund. Meister Eckharts Predigten weisen den Weg zum Dialog mit Gott und zu Gott, sie wirken in diesem Sinne wie „ein dialogisches Wortereignis zwischen Gott und Mensch"[75].

„Gott ist ein Wort, ein unausgesprochenes Wort. […] So viel ich Gott nahe bin, so viel spricht Gott sich in mich."[76]

# Zehntes Kapitel

## Gelassenheit – was sie ist und was sie bedeutet

*Wenn Sie sich des Augenblicks bewusst und Ihre Motive selbstlos sind, wenn Ihr Denken und Tun davon getragen wird, wenn Sie an sich arbeiten, meditieren, beten, Achtsamkeit üben, dann nähern Sie sich dem Gelassensein.*

Beginnen wir mit der Definition: Gelassenheit bezeichnen wir als Geisteszustand des Altruismus bei unzerstörbarer Ich-Stärke, die ausbalancierte Selbstliebe einschließt. Liebe und Gelassensein sind eins; das Maß für beide ist Selbstlosigkeit.

Sie ist, wie gesagt, der höchste und folgenschwerste, die ganze Persönlichkeit ergreifende Bewusstseinszustand, den ein Mensch erreichen kann. Zu ihm führen viele Stufen der Selbsttranszendenz. Gelassensein entwickelt sich mit dem Loslösen von Ichzentriertheit. Oder anders formuliert: Gelassen und damit frei wird das Individuum in dem Maß, in dem es sich von dem verhängnisvollen Gefangensein im Egoismus befreit.

Der Psychologe Peter Lauster gibt in seinem in der 20. Auflage erschienenen Buch „Wege zur Gelassenheit. Die Kunst, souverän zu werden" eine treffende Charakteristik: „Gelassenheit ist etwas Herrliches, Bewundertes und deshalb von vielen Ersehntes; Gelassenheit ist der reinste Ausdruck seelischer Gesundheit. Wer gelassen ist, hat die höchste Stufe des Menschseins und der Weisheit erreicht – er ist ausgeglichen und kann ausgleichend auf andere einwirken. Mit Gelassenheit wird deshalb seelische Stärke verbunden und vor allem seelische Unverletzlichkeit."[77]

Gelassenheit ist die Voraussetzung von Liebe, Freiheit, Mitgefühl, Weisheit, wirklichem Glücklichsein, Lauterkeit, Hilfsbereitschaft, Herzlichkeit, Optimismus, Ergriffensein, Demut, Zufriedenheit, Ehrfurcht, Urvertrauen, Leben im gegenwärtigen Augenblick, Barmherzigkeit, innerem Frieden, Ich-Stärke, Achtung vor dem anderen und allem Leben, ungeteilter Aufmerksamkeit, positiver Ausstrahlung, Freisein von Scheinbedürfnissen und der Macht des Todes und der Angst, selbstlosem Denken, Handeln und Verhalten ...

Die wirkliche Qualität eines Individuums misst sich daran, inwieweit es die Merkmale der Gelassenheit verinnerlicht hat; dazu gehören erstrangig Mitgefühl und Befreiung von Ichdominanz.

Anders ausgedrückt: Die Ebene der erreichten Gelassenheit, verstanden als Loslösung von Selbstsucht, ist der Maßstab für den Entwicklungsstand der Persönlichkeit. Das Gegenteil von Gelassensein ist purer Egoismus, Ichverhaftetsein – eben am äußersten Ende das Böse.

Egoismus bedeutet rücksichtsloses Streben nach eigenem Vorteil, erfüllten Wünschen. Entwicklungsgeschichtlich geht er wohl auf den Selbsterhaltungstrieb zurück und ist der erste und beherrschende Instinkt bei Tier und Mensch. Beim Menschen allerdings ist dieser angeborene Trieb mehr oder weniger durch Moral, verinnerlichte Werte und Normen überformt. Jedes Individuum nimmt auf der folgenden Skala einen seiner Persönlichkeitsentwicklung entsprechenden Platz ein. Wo liegt hier der Durchschnitt der Menschheit, in den einzelnen Völkern und Staaten, bei Frauen und Männern, Altersgruppen, Bildungsnahen und Bildungsfernen? Wo sehen Sie sich auf der Skala (Abb.1)?

*Abbildung 1:*

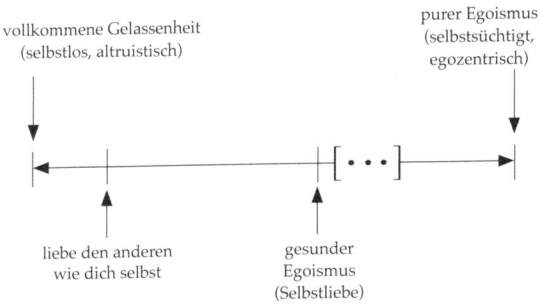

Egoismus und Egozentrik sind nicht das Gleiche. Egoismus schließt stets Egozentrik ein. Letztere richtet sich nicht auf das Handeln und Verhalten; sie ist ein Weltbild. Das egozentrische Individuum denkt ichbezogen und begreift sich als Mittelpunkt allen Geschehens; deutlich zeigt sich das im egozentrischen Sprechen, z. B. bei Kindern.

Es ist nicht ganz so einfach mit dem Egoismus und der Nächstenliebe.

„Gesunder" Egoismus gründet auf Selbstliebe; absolutes Selbstlossein führt beim heutigen Bewusstseinszustand der Menschheit im „normalen" Leben zu Nichtsein. Das Mühen um eigenen Vorteil, persönliches Glück, Macht (sie kann auch gesucht werden, um Böses abzuwenden), Wohlgefühl, Lustgewinn sind, wie gesagt, die beherrschenden und handlungsleitenden Motive der Individuen.

Denken Sie darüber nach!

Das Streben nach Selbsterhalt – wenn es nicht auf Schaden und Leid der anderen gründet – ist dem Menschen gegeben. Das Leben kann sehr hart sein. Millionen kämpfen um ihre nackte Existenz.

Wer arbeitet schon selbstlos? Welcher Arzt sucht nicht auch seinen Vorteil? Welchen Entwicklungshelfer leiten nur uneigennützige Beweggründe?

Echte Mutterliebe stellen wir uns idealerweise als selbstlos vor, indes – die Grenze liegt schon beim Kind der anderen. Liebe deinen Nächsten wie dich selbst – das ist sehr schwer einzulösen.

Wir sind eben keine „Engel" und bewegen uns zwischen den Polen der Skala; auf die Balance, das Mischungsverhältnis kommt es an. Beobachten Sie sich selbst! Es ist der Königsweg zu Selbsterkenntnis und zum Verstehen der anderen. Es schafft Abstand zu egoistischem Denken, Wollen und Tun. Achten Sie auf sich und auf das, was Sie wahrnehmen! Registrieren Sie, haften Sie den Gedanken nicht an!

Der lebenskluge Jesuit Anthony de Mello (1931–1987)[78] hebt den hohen Wert der Selbst-Beobachtung hervor. Sie ist etwas Großartiges und Außergewöhnliches und auf dem spirituellen Weg unverzichtbar.

„Bald brauchen Sie sich gar nicht mehr anzustrengen, denn wenn die Illusionen langsam verblassen, beginnen Sie, Dinge zu erfahren, die sich nicht beschreiben lassen. Man nennt das Glücklichsein. Alles verändert sich, und Sie werden geradezu süchtig nach Bewusstheit."[79]

Nächstenliebe ist ganz sicher nicht, wie de Mello ausführt, „Eigennutz unter dem Deckmäntelchen des Altruismus"[80], aber die Maskerade ist nahezu perfekt und irreführend. Er unterscheidet in diesem Zusammenhang drei Arten von Egoismus:[81]

1. Wenn ich danach strebe und es mir Freude bereitet, mir selbst zu gefallen.

2. Wenn ich darum bemüht bin und es mir Wohlgefühl bereitet, wenn ich anderen gefalle.

3. Das sei nach de Mello die schlimmste Form, „bei der Sie etwas tun, um kein schlechtes Gewissen zu haben. Sie tun es nicht gern und müssen sich dazu zwingen, es wider-

strebt Ihnen. Sie machen Freundschaftsdienste, aber es geht Ihnen gegen den Strich. Sie protestieren? Dann wissen Sie nicht allzu viel von sich selbst, wenn Sie meinen, dass Sie das noch nie getan haben".[82]

Am Weg zum Vollkommenen stehen oft Mühe und Selbsttäuschung. Helfen kann hier nur disziplinierte Arbeit am Geist: innere Ruhe, Meditieren, Achtsamkeit, Selbstbeobachtung, Bewusstwerden.

Willigis Jäger bringt es auf den Punkt: „Das Mysterium des Bösen scheint mir nichts anderes zu sein als die Egozentrik des Menschen und die Verweigerung der Selbsttranszendenz. Diese Egozentrik offenbart das Mysterium dessen, was wir böse nennen. Das Böse hat mit Moral zunächst nichts zu tun. Es ist die Verweigerung, sich zum Ganzen hin zu öffnen, die Verweigerung, das Ego zu überschreiten und sich evolutionsgerecht zu verhalten. Wenn wir das Evolutionsgeschehen verfolgen, dann bedeutet ein Mangel an Selbsttranszendenz die Ursache für den Untergang."[83]

Je weniger entwickelt das Gelassensein, umso mehr gewinnen negative Eigenschaften in der Persönlichkeitsstruktur an Raum.

*Freiheit* – verstanden im Sinne von „selbstbestimmt" – ist eine der wichtigsten Größen in der Glücksbilanz. Wirkliche Freiheit zu erarbeiten, zu schätzen, verantwortungsvoll zu nutzen und zu erhalten, setzt Weisheit voraus, und die wiederum wächst mit dem Gelassenwerden. Johann Wolfgang von Goethe sagt hierzu: „Freiwillige Abhängigkeit ist der schönste Zustand, und wie wäre der möglich ohne Liebe. […] Niemand ist mehr Sklave, als der sich für frei hält, ohne es zu sein."[84]

Was Goethe (1749–1832) hier offenbart, ist auch der Kern der Weisheit des Sokrates (469–399 v. Chr.): Er zürnt nicht den Unwissenden, sondern denen, die um ihre Unwissenheit nicht wissen. Dieses Nichtwissen, im Buddhismus „Verblendung" oder „grundlegende Verwirrung", um ihre

Unwissenheit (fehlende Weisheit) entsteht aus Ichzentriertheit.

Sagen wir es anders: Das im Bewusstseinszustand der Ichzentriertheit gefangene Individuum wird von einem falschen (dualistischen) Bild von der Wirklichkeit (außen) geleitet, das sich in einer verhängnisvollen und Leid verursachenden Wert-, Gefühls-, Bedürfnis-, Motiv- und Handlungsstruktur offenbart.

Die übergroße Mehrheit der Individuen lebt fern vom Gelassensein, weshalb die Aussage: die Menschheit ist unglücklich, immer noch zutrifft. Nur, woran leidet sie und wie verändert sich das? Auch stellt sich die Frage immer wieder, was das unglückliche Individuum daran hindert, aus dem Kreislauf des Leidens auszubrechen, also Gelassenheit anzustreben? Die Erleuchteten aus allen uns bekannten Menschheitsepochen gaben darauf die gleichen Antworten.

Nur auf spirituellem Weg nach innen vermag sich das Individuum vom dualistischen Bewusstsein und damit aus dem Kreislauf des Leidens befreien. Wie wir es auch wenden: Der Schlüssel für das Glück liegt im Gelassenwerden. In dem Text „Von ungelassenen Leuten, die voll Eigenwillen sind" antwortet der große christliche Mystiker Meister Eckhart in ergreifender Klarheit auf unsere Fragen: „Darum fang zuerst bei dir selbst an und *lass dich*! Wahrhaftig, fliehst du nicht zuerst dich selbst [damit meint er: fliehe vor deinem Egoismus, d. V.], wohin du sonst fliehen magst, da wirst du Hindernis und Unfrieden finden, wo immer es auch sei. Die Leute, die da Frieden suchen in äußeren Dingen, sei's an Stätten oder in Weisen, bei Leuten oder in Werken, in der Fremde oder in Armut oder in Erniedrigung – wie eindrucksvoll oder was es auch sei, das ist dennoch alles nichts und gibt keinen Frieden. Sie suchen völlig verkehrt, die so suchen. Je weiter weg sie in die Ferne schweifen, umso weniger finden sie, was sie suchen. Sie gehen wie einer, der den Weg verfehlt: Je weiter der geht, umso mehr geht er in die Irre. Aber, was soll er denn tun? Er soll zuerst sich selbst lassen, dann hat er alles gelassen. Fürwahr, ließe ein Mensch ein Königreich oder die ganze Welt, behielte aber sich selbst, so hätte er nichts gelassen. Läßt der Mensch aber von sich selbst ab, was er auch dann behält, sei's Reichtum oder Ehre oder was immer, so hat er alles gelassen."[85]

Was für eine Stärke der Aussage liegt doch in diesen Worten aus dem späten 13. Jahrhundert: gültig für alle Zeit. Wie viele mögen wohl die Predigten von Meister Eckhart damals verstanden haben? Und wie viele von denen, die heute seine Texte lesen, verstehen sie? Und wie viele von denen, die begriffen haben, werden in diesem Sinne versuchen, ganz bewusst zu leben?

Der Mensch begreift nur das, was der Stufe seines Bewusstseins entspricht. Und nur dementsprechend ist die Persönlichkeitsentwicklung, sind die Bedürfnisse, Gedanken, Wahrnehmung, Gefühle, Motive, die Sprache, das Handeln und Verhalten ausgebildet. In dem Maß, wie das Befreien von der Ich-Haftigkeit voranschreitet, erfährt das Individuum, dass es mit dem Göttlichen vereint ist, und verändert seine Persönlichkeit grundlegend. Uneigennütziges Geben und Empfangen von echtem Glück sind untrennbar miteinander verbunden.

Wirkliche Liebe ist selbstlos und kennzeichnet die gelassene Persönlichkeit. Liebe ist eines der großen und nie ergründeten Geheimnisse der absoluten Wirklichkeit; sie verkörpert das Schönste und Vollkommenste, was dem Menschen je gegeben wurde. Auch der weise Wilhelm Busch wusste, dass Egoismus nur durch ein von Ich-Zentriertheit befreites Leben überwunden werden kann, und er gab dem in seinen Werken Ausdruck. Es gilt, dem Leben einen von Scheinbedürfnissen unabhängigen und bleibenden Sinn zu geben.

Loslassen muss der Mensch spätestens, wenn er stirbt. Gelassen zu werden bedeutet, eine andere Dimension vom

Ich und Tod zu begreifen: Beide verlieren ihre Macht. Aber was versperrt uns den Weg zur Gelassenheit? Meister Eckhart nennt die Hindernisse: „Drei Dinge sind es, die uns hindern, so dass wir das ewige Wort nicht hören. Das erste ist Körperlichkeit, das zweite Vielheit, das dritte ist Zeitlichkeit. Wäre der Mensch über diese drei Dinge hinaus geschritten, so wohnte er in Ewigkeit und wohnte im Geiste und wohnte in der Einheit und in der Wüste, und dort würde er das ewige Wort hören. Nun spricht unser Herr: ‚Niemand hört mein Wort noch meine Lehre, er habe denn sich selbst gelassen' (Luk. 14,26). Denn wer Gottes Wort hören soll, der muss völlig gelassen sein."[86]

*Was ist damit gemeint?*

*Zeit:* Solange das Individuum seine Gedanken in Vergangenheit und Zukunft erschöpft, es nicht oder nur halb im gegenwärtigen Augenblick lebt, bleibt ihm das Begreifen der höchsten Wirklichkeit, des Wunderbaren versagt.

*Körperlichkeit* steht hier für Ichgebundenheit, fehlendes Gelassensein. Der Mensch wird von Habenwollen, Abneigung und Gleichgültigkeit regiert. Er lebt in Unwissenheit („Verblendung"; „grundlegender Verwirrung"; dualistischem Bewusstsein), leidet und sucht vergeblich inneren Frieden.

Mit *Vielheit* meint Meister Eckhart: Gott schuf nicht das Einzelne, sondern das ganze Universum. Zu diesem Universum, dem Einen, gehören aber auch Vielheit und Teile, die das Universum braucht, um vollkommen zu sein. Die Einheit ist somit göttlich, die Vielheit irdisch. Anders ausgedrückt: Wo Schöpfung ist, da ist Vielheit; aber Vollkommenheit ist erst dort, wo das Viele zu dem Einen, zum Göttlichen, zurückgekehrt ist. Im dualistischen Bewusstsein kann das Individuum das nicht erkennen; sein Weltbild endet in der Vielheit, im Voneinander-getrennt-sein.

Mit *Vielheit* meint Meister Eckhart aber wohl auch die innere und äußere Unruhe.

Innere Ruhe ist der Zustand im gesammelten Geiste, die bewerteten Gedanken verlieren ihre Macht – sie ist das Tor zum Gelassenwerden. Ruhe und Leersein bedingen einander; „alles, was aufnehmen und empfänglich sein soll, das soll und muß leer sein."[87] Die höchste Wirklichkeit offenbart sich in Ruhe, im Selbstlos- und Achtsamsein. Meditation ist hierzu die wirksamste Methode.

„Der Mensch schlägt nimmer das Auge auf noch zu, ohne daß er damit Ruhe sucht; entweder will er etwas von sich werfen, das ihn behindert, oder er will etwas an sich ziehen, worin er ruht. Um dieser beiden Dinge willen tut der Mensch alle seine Werke."[88]

Innerer Frieden, Gelassensein und wirkliches Glück kommen nicht von außen; sie sind in uns selbst. Das ist eine uralte Weisheit, die wir nicht oft genug wiederholen können.

Lassen wir zum Schluss noch einmal Plutarch (um 45 – um 125) sprechen. Er war wohl von robuster Gesundheit, erfolgreich und glücklich, denn wer so schrieb wie er, der muss einfach glücklich gewesen sein: Die Törichten – wir können auch sagen: diejenigen in Ichanhaftung, in „grundlegender Verwirrung", in Unwissenheit Lebenden „sind wie die Kranken, die nicht Hitze noch Kälte vertragen. Das Glück macht sie übermütig, das Unglück verzagt, beides bringt sie aus der Fassung, und die meiste Unruhe schaffen sie sich selbst und im Unglück sind sie nicht friedloser als im so genannten Glück. [...] Wer aber das Wesen der Seele nur ein wenig kennt, wird den Tod als die Pforte zu einem besseren oder wenigstens nicht schlechteren Sein betrachten; er wird in Gleichmut vor dem Tod auch die Ruhe des Gemütes für das Leben finden."[89]

# Elftes Kapitel

## Die gelassene Persönlichkeit

*Du kannst immer glücklich sein, wenigstens wenn du fähig bist, auch den richtigen Weg zu gehen und die richtige Auffassung von den Dingen zu haben und entsprechend zu handeln. Über diese beiden Fähigkeiten verfügt die Seele der Gottheit wie jedes vernunftbegabten Lebewesens. Von einem anderen sich nicht hindern zu lassen und in der richtigen Einstellung und Tätigkeit am Guten festzuhalten und hierin die Erfüllung zu finden.*[90]

*(Marc Aurel, 121–180)*

Vorab: Die Motive der Gelassenen sind innengeleitet; sie versuchen, in allem Tun – Denken, Sprechen, Lehren, Handeln und Verhalten – das zu leben und zu verwirklichen, was ihnen die verinnerlichten Werte vorgeben. Der Beweggrund ist entscheidend – ob das Tun gelingt, tritt demgegenüber in den Hintergrund.

Unter Persönlichkeit verstehen wir die Gesamtheit der (relativ) konstanten Merkmale des Individuums, und ihre wichtigste Qualität ist das Bewusstsein. Charakter – steht häufig für das Festgelegte, Unverwechselbare – und Persönlichkeit werden zunehmend gleichbedeutend gebraucht.

Bewusstsein ist das Höchste, was dem Menschen gegeben wurde. Trotz der Begrenzung durch unsere Sinnesorgane hat es unendlich viele Qualitäten; wir sprechen von Stufen, Ebenen, Graden und Zuständen. Seine höchste Leistung besteht im Erfahrenkönnen der absoluten Wirklichkeit. Bewusstsein hat eine verborgene Dimension, die wir mit unserem Verstand wohl nie ergründen können. In einem Satz gesagt: Bewusstsein ist das aus Wahrnehmung und Bewertung entstandene Gefühl seiner selbst.

Wir beschreiben hier wiederum einen Idealtypus. In Wirklichkeit steht jedes Individuum seinem Bewusstseinszustand entsprechend auf einer ganz bestimmten, veränderbaren Stufe zwischen den Polen

gelassen ◄──────► egoistisch.

Auf unterer Ebene finden wir Bewusstsein auch bei hochentwickelten Tieren, z. B. wenn ein Schimpanse sich im Spiegel erkennt. Indes, diese Tiere können nicht über sich selbst nachdenken und – einerseits ist das ein unschätzbarer Vorteil – sie leben im gegenwärtigen Augenblick. Letzteres muss der Mensch mühsam mit Achtsamkeit lernen.

Vom Bewusstseinszustand hängt ab, welche Werte ihn führen, wie fern oder nah er wirklicher Freiheit steht, inwieweit er innen- oder außengeleitet ist, wie Mitgefühl, Lauterkeit, Hilfsbereitschaft, Herzlichsein, Achtsamkeit … entwickelt sind, also welche Persönlichkeitseigenschaften hervortreten, inwieweit das Individuum selbstlos lieben und damit wunschlos glücklich sein kann.

Loslassen und Abgeben verstehen wir als innere Haltung im Eckhartschen Sinn des inneren Loslassens, des Befreitseins von der Diktatur des Ichbewusstseins und von Scheinbedürfnissen. Das beruht auf dem Wissen um Begrenztheit und Vergänglichkeit aller Dinge sowie auf der Gewissheit vom Unvergänglichen. Wer das verinnerlicht hat, wahrt die Relation: Er erkennt Scheinbedürfnisse (es geht nicht um Abgeben von Besitz, Macht etc.) und weiß, dass deren „Befriedigen" nicht wirklich glücklich machen kann. Aus diesem Bewusstseinsstand heraus ist das Äußere nur noch ein Spiel, das dem inneren Ziel unterworfen bleibt.

Einen scheinbaren Widerspruch müssen wir klären. Das Ich soll losgelassen werden und Ich-Stärke soll dafür Voraussetzung sein. Deshalb soll diese sogar gestärkt werden.

## Ich-Stärke versus Ich-Haftigkeit

Überwunden werden sollen unsere Selbsttäuschung vom Ich und die daraus folgende Ich-Haftigkeit – auch bezeichnet als Ich-Zentriertheit, Egoismus, Ich-Gebundenheit, Ich-Bezogenheit. Gibt es also zwei Ich, das zu überwindende und das zu stärkende? Das Loszulassende ist eine Illusion; ein kleiner Bereich in unserem Gesamtbewusstsein, der Eigenständigkeit vortäuscht und mit dem Höchsten in uns in Widerspruch gerät. Anders ausgedrückt: Die Selbsttäuschung kollidiert mit der Wirklichkeit, mit dem, was wir tatsächlich sind.

Und was ist diese Ich-Stärke, die gefestigt werden soll? Es ist innere Stärke, die auf dem tief im Bewusstsein verankerten Begreifen beruht, wer wir Menschen wirklich sind: nicht ein abgetrenntes Ich, sondern ein Wunder des Lebens, mit allem eins. Nur wer seine Geschichte kennt, weiß, wer er ist, wo er herkommt und wohin er geht; wer sich als eins mit dem Göttlichen begreift, hat die Ich-Stärke, um sich von der Macht des Egoismus zu befreien.

Bleibt noch die Frage: Was ist der Mensch? Gebundene Energie – entstanden aus Information, sagt die Physik. Und es deutet alles darauf hin, dass es wirklich so ist. Die Konsequenzen daraus sind noch gar nicht abzusehen. Das Verständnis von Krankheit z. B. wird sich grundsätzlich verändern.

Werner Siefer und Christian Weber antworten in ihrem Buch *„Ich. Wie wir uns selbst erfinden"* auf die Frage: „Was also ist der Mensch? Ein Niemand, der weder geboren wird noch stirbt. Nach allem, was die Wissenschaft herauszufinden vermag, ein gigantischer genetisch-memetischer [„Meme" = ein anderes Wort für „Ideen", d. V.] Komplex, der den freien Willen, Selbstsucht, Angst, Enttäuschung, Habgier, aber auch Liebe, Freude, Hilfsbereitschaft, Fürsorglichkeit und das Vorhandensein eines eigenen Ichs nur vorspiegelt.

Dieses Wesen steht jetzt vor der unmöglich scheinenden Aufgabe, zu einer besseren, weil zutreffenderen Einsicht seines Selbst zu kommen und sich dabei nicht zu verlieren."[91]

Auf die gleiche Frage antwortete vor mehr als 1 800 Jahren der weise Römer Marc Aurel (121–180): „Du kamst auf die Welt als ein Teil. Du wirst wieder in dem verschwinden, dem du dein Dasein verdankst, oder besser: du wirst verwandelt in seine zeugende Vernunft aufgenommen werden."[92]

So sehen wir das auch – uns erfasst Demut. Tod, wo ist dein Leid? Wovor fürchten wir uns?

### Merkmale einer gelassenen Persönlichkeit

Gelassenheit ist eine Grundhaltung, die die ganze Persönlichkeit ergreift.

In Abbildung 2 stehen Voraussetzungen und Folgen des Gelassenseins nebeneinander. Die Merkmale sind untrennbar miteinander verbunden (also nicht eigenständig), von ungleichem Gewicht und ihre Entwicklung verläuft unterschiedlich.

*Abbildung 2:*
*Wesenszüge der gelassenen Persönlichkeit*

---

Einheitserfahrung – Gelassensein – Weisheit
(sie schließen alles andere ein)

**innere Ruhe**, Stille, einsames Schweigen, Beherrschen des Gedankenflusses
*Achtsamkeit*, Konzentrationsfähigkeit, Leben im Augenblick
**Liebe**, Glücklichsein
Ich-Stärke, Disziplin
Balance zwischen Selbstlossein und Selbstliebe
Freude, Selbstlossein, Offensein
Fähigkeit zur *Ergriffenheit*
*Herzlichkeit*, Freundlichsein; Mitfühlen, Barmherzigkeit, Lauterkeit
*Demut*, Ehrfurcht; Ehrlichkeit, Heitersein, Humor
Freisein von Egozentrik, *Scheinbedürfnissen* und der Macht der *Angst*
*Dankbarkeit*, Bescheidenheit, Mitleid
*Urvertrauen*, Gewissheit, in der höchsten Wirklichkeit aufzugehen
Vertrauen, Arglosigkeit, Zuversicht, Offenherzigkeit
Zufriedenheit, Akzeptanz
Aufmerksames Zuhören, geschärfte Sinne, Staunen
Achtung vor sich, dem anderen und allem Leben
Freundschaft
Gesunder Schlaf
Kraft aus Einsamsein (in sich ruhen)
*Unabhängigsein von Bewertung*; Selbstbeherrschung, Souveränität
Ausstrahlung (Wirkung der Persönlichkeit)
auf *gelassenheitsbezogenen*, verinnerlichten Werten beruhendes Denken, Verhalten und Handeln

} Dem Willen und Zwang entzogen und nicht käuflich

---

Gelassenhaben + Urvertrauen (Gottvertrauen) = Gelassensein

Trotzdem entsteht hier ein Bild, wenn jeweils die Gegenpole hinzugedacht werden, das die wichtigsten Eigenschaften der gelassenen Persönlichkeit erfasst. Es handelt sich hier um eine Gedankenkonstruktion, eine Art von *Idealtypus* im Sinne von Max Weber[93] (1864–1920). Er entsteht in unserem Fall aus den nicht dem Willen zugänglichen Wesenszügen; wir könnten sie auch als Primärtugenden bezeichnen. Ihre unübertroffene Bedeutsamkeit wird nicht nur durch die Tatsache verstärkt, dass die Merkmale eine zusammenhängende Einheit bilden, sondern auch dadurch, dass sie „Sekundärtugenden" – also von Willen und Zwang abhängende Eigenschaften – nach sich ziehen. Und zwar solche, die in Affinität zu den dem Willen und den Zwängen sich entziehenden Wesenszügen stehen. Beispiele für derartige, dem Willen unterworfene Tugenden (positive Persönlichkeitsmerkmale) sind: Zuverlässigkeit, Toleranz, nachlassende Ichfixiertheit, ausgeprägtes Selbstwertempfinden, Selbstsicherheit, bewusste Lebensführung, Hilfsbereitschaft, Sehnen nach innerer Ruhe, Veränderung der Wertstruktur, auf verinnerlichte Werte ausgerichtetes Verhalten. Damit verbunden verlieren die negativen Persönlichkeitseigenschaften an Einfluss.

Woran erkennen wir nun ganz konkret einen gelassenen Menschen?

Die Wahrnehmung, das Denken, Fühlen, Wollen und Tun eines Individuums hängt von seinem erreichten Bewusstseinszustand ab. Eine dem Gelassensein sich nähernde Persönlichkeit beobachtet sich selbst: ihre Gedanken, Gefühle, Motive und ihr Tun. Greifen wir hier noch einmal auf den Idealtypus zurück. Eitelkeit, Neid, Missgunst, Hass, Gier, Machthunger, Unachtsamkeit, Leben in Vergangenheit und Zukunft, Außengeleitetsein, Rücksichtslosigkeit, Ichschwäche, Selbstsucht (Egoismus), Unehrlichkeit … sind ihm fremd. Die Welt ist für einen Gelassenen nicht ein Sammelsurium voneinander getrennter Objekte, von denen er selbst das Höchste darstellt, sondern für ihn ist alles eins.

Aber selbst ein weitgehend Gelassener bleibt immer noch ein Mensch – er kämpft beständig gegen seine menschlichen Schwächen. Das zeigen besonders die Texte der Mystikerinnen. Es ist ein beständiges Ringen um Gottesnähe, häufig mitten im Alltag dieser Welt. Nur zu deutlich wird das in dem Gebet „Herr der Töpfe und Pfannen" der heiligen Teresa von Avila (1515–1582):

„Herr der Töpfe und Pfannen,
ich habe keine Zeit, eine Heilige zu sein
und Dir zum Wohlgefallen
in der Nacht zu wachen,
auch kann ich nicht meditieren
in der Morgendämmerung
und im stürmischen Horizont.

Mache mich zu einer Heiligen,
indem ich Mahlzeiten zubereite
und Teller wasche.
Nimm an meine rauen Hände,
weil sie für Dich rau geworden sind.
Kannst Du meinen Spüllappen
als einen Geigenbogen gelten lassen,
der himmlische Harmonie
hervorbringt auf einer Pfanne?
Sie ist so schwer zu reinigen
und ach, so abscheulich! […]

Herr, nimm meine Betrachtung an,
weil ich keine Zeit habe für mehr.
Herr, mache Dein Aschenbrödel
zu einer himmlischen Prinzessin;
erwärme die ganze Küche mit Deiner Liebe
und erleuchte sie mit Deinem Frieden.
Vergib mir, daß ich mich absorge,
und hilf mir, daß mein Murren aufhört.

Herr, der Du das Frühstück am See
bereitet hast, vergib der Welt,
die da sagt: ‚Was kann denn
aus Nazareth Gutes kommen?'"[94]

Wie lebt ein gelassener Mensch? Zwei Beispiele machen das sichtbar. Die Mystikerin Gabrielle Bossis[95] (1874–1950) schrieb im „normalen" Leben Theaterstücke und reiste als Schauspielerin und „Botschafterin der Freude" durch die Welt. In ihren stillen Stunden aber hielt sie intime Gespräche mit Jesus Christus schriftlich fest. Sie zeigt als eine der modernen Mystikerinnen deutlich die Wanderung durch die geistige und durch die reale Welt. Bossis lebte in der Liebe Gottes und meisterte gleichzeitig ihr aufregendes Leben in der Öffentlichkeit.

Heinrich Seuse (um 1295/97–1366) – Dominikanermönch und Schüler von Meister Eckhart – antwortet in seinem „Büchlein der Wahrheit" (wahrscheinlich 1329/30 geschrieben) auf die Frage, wie sich ein gelassener Mensch in der Zeit verhalten solle: „Er lebt im gegenwärtigen Augenblick ohne selbstsüchtigen Vorsatz und nimmt sein Höchstes wahr, sei es im Gewöhnlichen oder im Erhabenen."[96]

Ein Gelassener bedeutet für Seuse[97] ein gerechter Mensch, der aus seinem innersten Grunde heraus begreift, „was nach außen hin jedem ziemt", und alle Dinge so auffasst, „dass er keinem Gesetz unterworfen ist", was daher kommt, dass er aus Gelassenheit das „vollbringt, was die Allgemeinheit unter Druck tut". Allerdings, gemeint sind hier Grundtugenden (Ehrlichkeit, Bescheidenheit, Leben achten etc.) und nicht menschenfeindliche Gesetze.

Das Gleiche sagt Meister Eckhart: „Solange du irgendetwas vermagst, das wider Gott und wider sein Gebot ist, solange hast du die Gottesliebe nicht; du magst die Welt wohl betrügen, als habest du sie."[98]

Demut und Lauterkeit bilden eine Grundlage für ein solches Verhalten, aber sie sind nicht identisch mit Gelassenheit. Sie entstehen mit dem ergriffenen Erfahren des Göttlichen. Demut und Lauterkeit bereiten ihr den Boden und wurzeln im Begreifen und Annehmen der eigenen Identität. Was Demut ist, soll das Kapitel über das Universum („Alles ist eins") verdeutlichen.

Der verehrte japanische Zen-Meister D. T. Suzuki (1870–1966) sagt hierzu in seinem Buch „Die große Befreiung. Einführung in den Zen-Buddhismus": Die Grundzüge mönchischer Zucht „wie Vereinfachung des Lebens, Beherrschung der Begierden, keinen Augenblick müßig verschwenden, Selbstständigkeit und das, was ‚geheime Tugend' genannt wird, sind gesund und gültig für alle Länder und Zeiten. Vornehmlich gilt dies für den Begriff ‚geheime Tugend', der ein besonders charakteristischer Zug der Zen-Übung ist. Er meint, daß man natürliche Hilfsquellen nicht verschwenden soll, das heißt, wirtschaftlich und moralisch vollen Gebrauch machen von allem, was uns in den Weg kommt, und sich selbst wie auch andere mit anerkennender und ehrfurchtsvoller Geisteshaltung behandeln. Im besonderen bedeutet ‚geheime Tugend', Gutes tun ohne den Schatten eines Gedanken an Dank und Anerkennung. Ein Kind ist am Ertrinken, ich springe ins Wasser und rette das Kind. Das ist alles, was in diesem Fall zu tun ist. Getan ist getan, weitergehen, nicht zurückschauen, nicht mehr daran denken. Eine Wolke zieht vorbei, und der Himmel ist so blau und klar wie zuvor."[99]

Im Buddhismus wie im Christentum gilt: Eine gute Tat hinterlässt „keine Spuren von Selbstzufriedenheit oder Selbstverherrlichung, noch viel weniger den Gedanken an eine Belohnung, selbst [nicht? d. V.] von Gott"[100].

Gelassensein birgt eine innere Kraft, die selbst die Macht des Todes überwindet.

Auch Gelassene empfinden Leid und Schmerz, aber sie wissen um das Göttliche und nichts Irdisches stört ihr Ruhen im Vollkommenen. Eines Weisen Kummer heiligt sein Geheimnis. Denken Sie in Ruhe darüber nach! Weit mehr Frauen als Männer wurden von der Inquisition verfolgt, gedemütigt, ausgebeutet, eingekerkert, gefoltert und als Hexen und Häretikerinnen öffentlich auf Scheiterhaufen verbrannt. Mehr Frauen als Männer ließen eher all das über sich ergehen, als ihrem Glauben, ihrer tiefen Erfahrung abzuschwören. Das waren gelassene Persönlichkeiten; das Weibliche steht dem Gelassensein wohl näher als das Männliche. Sicher, nicht alle darunter waren gelassen; manche hatten vielleicht keine andere Wahl und schworen ab. Trotzdem wurden sie öffentlich verbrannt.

Eine der großen wissenden Frauen war, wie bereits gesagt, die als Häretikerin verurteilte flämische Begine Marguerite Porète (um 1250/1260–1310).[101] Ihre höchsten Ziele bleiben: Freiheit von Egoismus (Gelassenheit) und Fremdbestimmung – das Leben nach inneren Werten. Auch sie war Christus voll ergeben, das allein leitete sie.

Jedes Ichverhaftetsein gelte es im Denken und Tun zu überwinden. Nächstenliebe und Demut sind die Mittel gegen Egoismus. Die inneren Werte müssten das Tun des Menschen führen; es dürfe da keinen Zwiespalt geben. „Der, welcher ist, was er glaubt, der glaubt wahrhaftig. Wer aber glaubt, was er nicht ist, der lebt nicht, was er glaubt. Und er glaubt nicht wahrhaftig, denn die Wahrheit des Glaubens besteht darin, dass man ist, was man glaubt."[102]

Marguerite Porète war „frech, fromm, frank und frei"[103], und so wurde auch ihr Buch verstanden. Sie schwor nicht ab, und dafür wurde sie von Männern verurteilt und am 1. Juni des Jahres 1310 wiederum von Männern in Paris bei lebendigem Leib öffentlich auf einem Holzstoß verbrannt.

Sicher, auch Männer schworen nicht ab. Denken wir nur an den großen Mystiker Johannes vom Kreuz[104] (1542–1591) oder an die ungezählten tibetischen Mönche, die wegen ihres Glaubens von chinesischen Kommunisten heute noch erniedrigt, gefoltert und umgebracht werden.

Indes, auch in Tibet stehen Frauen dem Wunderbaren näher als Männer. Das Göttliche erschließt sich dem Individuum nur durch selbstlose Liebe (siehe hierzu auch „Die Wolke des Nichtwissens"[105] aus dem 14. Jh.), und die endet eben nicht bei Schmerz oder Angst vor dem Sterben. Das Göttliche kommt wohl denen am nächsten, die wegen ihres Selbstloseins Leid und Schmerz ertragen müssen und deshalb vor dem Tod stehen.

Gelassensein – Liebe eingeschlossen – verändert die Persönlichkeit grundlegend und bleibend. Das Bewusstsein bestimmt das Sein, das Denken, Fühlen, Wahrnehmen, Sprechen und Tun. Das Sein sowie das fortgesetzte Auseinandersetzen mit der Umwelt und dem eigenen Körper und Geist, wirken aber auch wieder zurück auf das Bewusstsein. Und das gilt sowohl im positiven wie im negativen Sinn. Selbstloses, von Mitgefühl und Liebe getragenes Tun stärkt das Gelassenwerden und vice versa. Jäger fasst das so zusammen: „Die mystische Erfahrung ist die Erfahrung des Einsseins von Form und Leerheit, das Erleben der Einheit der eigenen Identität mit der Ersten Wirklichkeit. Dieser Bewusstseinszustand ist Ziel des spirituellen Wegs. Er ist die mystische Erfahrung, und wem sie widerfuhr, ist anschließend ein anderer Mensch."[106]

Wissen Sie nun, was einen gelassenen Menschen charakterisiert und wie er lebt? Folgende Fragen können Ihnen helfen, die erreichte Stufe der Gelassenheit bei einem Menschen zu erkennen:

- Welche Motive leiten sein Denken, Sprechen und Tun?
- Welche Bedeutung hat Mitgefühl in seinem Leben?
- Ist er hilfsbereit? Hilft und gibt er selbstlos?
- Welcher Grad an Egoismus, welche Bedürfnisse und Wünsche beherrschen ihn?
- Liebt er selbstlos oder will er nur besitzen?
- Lebt dieser Mensch im gegenwärtigen Augenblick oder mehr in Vergangenheit und Zukunft?

- Was ergreift ihn?
- Inwieweit stimmen bei ihm Wort und Tat überein?
- Welche Ausstrahlung hat die Persönlichkeit?
- Wie steht es mit dem Optimismus?
- Kann die Person über sich selbst lachen, sich kritisch beobachten, innere Ruhe üben?
- Inwieweit sind Ich-Stärke, Demut, innere Ruhe, Hilfsbereitschaft, Herzlichkeit, Bescheidensein, Freundlichkeit, Ehrfurcht, Lauterkeit, Humor, Konzentrationsvermögen, Urvertrauen, Barmherzigkeit, Mitgefühl, Ethik und Moral bei ihm entwickelt?

Zudem sollten Sie sich fragen:

- Kann der Mensch konzentriert zuhören?
- Lebt die Person achtsam, übt sie das?
- Wie geht der Mensch mit Untergebenen, Vorgesetzten, „Neutralen" bzw. für ihn „Unwichtigen" um?
- Wie ist seine Glücksbilanz und woraus folgen seine Glücks- und Unglücksgefühle?
- Wie ausgeglichen ist der Mensch und wie stark schwanken seine Gefühle?
- Wie arbeitet er?
- Was liest er?
- Wie geht die Person mit ihrem Körper und Geist um?
- Wie ist ihre Selbstdarstellung?
- Inwieweit hängt die Person vom Urteil anderer ab?
- Wie geht der Mensch mit Ängsten um?
- Achtet er alles Leben?
- Was leitet sein Denken, Sprechen, Fühlen und Tun?
- Wofür interessiert er sich?
- Lebt er das, was er sagt und lehrt?
- Wie gestaltet sich sein Lebensstil?
- Wie reagiert er in schwierigen Situationen?

Genug der Fragen. Aus den Antworten – hervorgegangen aus Selbstbeobachtung und dem Einschätzen Ihres Gegenübers – können Sie viel über sich selbst und den anderen erfahren.

# Zwölftes Kapitel

## Was ist das Ich?

*Die Gelassenheit ist der befriedete Zustand der Seele, der es bewirkt, dass sie nicht zum Bösen bewegt werden kann.*[107]
*(Aus der Centurie der Mönche Kallistus und Ignatius, Mitte des 13. Jhs.)*

### Das Ich-Bewusstsein

„Ich" ist zunächst die Bezeichnung für die eigene Person und den Verantwortlichen für eine Handlung; es schließt aber bereits das Gegenüber ein: „Ich an deiner Stelle hätte das nicht getan", „das gehört mir". Das Ich erscheint uns als Subjekt allen Tuns, Denkens, Bewertens, Sprechens, Wahrnehmens, Fühlens, Unterlassens … In Wirklichkeit existiert das Ich allerdings nur in der Einbildung – es ist ein „Stückchen" unseres Bewusstseins ohne Eigenständigkeit.

Das Ichbewusstsein ist nicht angeboren. Es entwickelt sich mit der Persönlichkeitswerdung und bildet die Voraussetzung für tiefgreifendes Erfahren. Dieses Ich erscheint uns als das Wesen, das Bestimmende, das Allumfassende des Menschen. Es bildet die dualistische Identität des Individuums. Was das im Dualismus verhaftete Ich uns vorspiegelt, sind wir nicht wirklich. In Wahrheit ist es eine Illusion, eine Projektion unseres Bewusstseins. Wenn wir uns auf das Ich in gesammeltem Geist konzentrieren, entzieht es sich und löst sich wie Nebel auf. Dann wird sichtbar: Dieses Ich identifiziert sich stets mit dem, worauf es sich gerade bezieht, wie beispielsweise mit Körper, Geist, Denken, Wünschen, Habenwollen. In Wirklichkeit ist es aber mit dem, was es bezeichnet, nicht identisch. Es ist nicht identisch, obwohl es sich mit diesem verändert. Die Anpassung des Ich an das, was es benennt, stärkt die Illusion seiner unabhängigen Eigennatur. Das Ich entsteht im Bewusstsein und offenbart dessen Kontinuität und Diskontinuität. Damit spiegelt das Ich den Entwicklungsstand unseres Bewusstseins bzw. den noch zu beschreitenden Weg zum Gelassenwerden.

Das Ich-Bewusstsein hat für das Individuum große Bedeutung; ob positiv oder negativ hängt von der erreichten Entwicklungsstufe ab. Nur mit einem gefestigten Ich-Bewusstsein kann der Mensch Egoismus und dualistisches Denken überwinden. Das Ich-Bewusstsein – was ich meine, was ich bin – ist der Sammel- bzw. Schnittpunkt unserer geistigen Abläufe wie Wahrnehmung, Gefühle, Motive, Mitgefühl, Liebe, Hass, Gier, Neid, Dankbarkeit, Demut ...

Dabei hat das Gedächtnis die speichernde, verbindende, selektierende, ordnende und bereitstellende Funktion. Was wir als Gegenwart empfinden, ist „junge" Vergangenheit. Wenn das Mondlicht unser Auge trifft, ist bereits eine Sekunde vergangen, und vom Auftreffen des Lichts auf unserer Netzhaut bis zum Bewusstwerden dessen, was ich sehe, vergeht auch noch einige Zeit.

Unser Ich-Bewusstsein ist also wesentlich eine Leistung des Gedächtnisses, die sich aus verarbeiteter und unbewältigter Vergangenheit, gespeicherten Gedanken über die Zukunft und aus der (bewerteten) Wahrnehmung des Augenblicks speist.

Sehen wir nun, was von diesem Ich-Bewusstsein überwunden werden soll.

**Was soll ich vom Ich lassen?**

Alles soll losgelassen werden, was uns am Gelassenwerden und damit am wunschlosen Glücklichsein hindert: Selbstsucht, Egoismus, Außengeleitetsein, dualistisches Denken sowie das daraus folgende wirklichkeitsfremde Weltbild. Es geht nicht darum, das Ich abzuschaffen – es hat wichtige

Funktionen –, es soll in die richtige Relation gebracht werden.

Möglich ist das erst, wenn das Individuum in tiefer innerer Ruhe die Ich-Haftigkeit erkennt und erfährt, „dass Ich und Gott eins sind"[108].

Das Ich, von dem hier Meister Eckhart spricht, meint Egoismus, Ichhaftung und alles, was daraus folgt. Der Raum, in den das Göttliche eindringen möchte, ist dadurch besetzt. Nur in Leerheit kann das Göttliche einziehen. „Hierum will Gott diesen Tempel leer haben, auf dass denn auch nichts weiter darin sei als er allein."[109] Und weiter: „Wenn dieser Tempel so frei wird von allen Hindernissen, das heißt von Ich-Bindung und Unwissenheit, so glänzt er so schön und leuchtet so lauter und klar über alles (hinaus) und durch alles (hindurch), das Gott geschaffen hat."[110]

Sich selbst zu lassen heißt, in Gott zu sein, im unbeschreiblich Höchsten. Deutlich tritt das zu lassende Ich hervor, wenn wir sehen, was Meister Eckhart beim Menschen entwickeln will: Urvertrauen, Mitgefühl, innere Ruhe, Barmherzigkeit, Lauterkeit, Demut, Achtsamkeit, Liebe, Dankbarkeit, Ergriffensein, Selbstlosigkeit, Hilfsbereitschaft.

Im Buddhismus, also schon vor über 2 500 Jahren, finden wir die gleichen, bis heute gültigen Gedanken. Das Ich (Ego) ist demnach: „Ich will haben!" „Ich will das nicht." „Das ist mir gleichgültig." In einem derartigen Bewusstseinszustand hängt das Glücklichsein immer von etwas ab: von erfüllten Wünschen, von Zukunftserwartungen, von ständig neu entstehenden Bedürfnissen, von Ängsten, von beseitigtem Ärger. Echtes Glück dagegen ist wunschlos. Wunschlos glücklich zu sein, bedeutet nicht, keine Wünsche mehr zu haben. Vielmehr besagt es: Mein Glücklichsein hängt nicht von erfüllten Wünschen ab.

Im dualistischen Bewusstsein existiert das Ich nur im Gegensatz zum Nicht-Ich. Das gesamte Weltbild beruht auf Polarität, einer unheilvollen Konstruktion des Ich-Bewusstseins.

Geben wir abschließend noch einmal Pater Willigis Jäger das Wort: „Der gläubige Mensch macht eine grundlegende Erfahrung: Wer das Leben erfährt oder wenigstens daran glauben kann, verliert die Angst vor dem Tod. Das Leben kann nicht sterben. Sterben kann nur eine Form des Lebens. Das ist der Grund aller Erfahrung und die Erkenntnis jeder Mystik. Sterben und Auferstehen gehören zum Strukturprinzip der Schöpfung. Unser Ich sträubt sich gegen diesen Prozess des Werdens und Vergehens. Es klebt an der Form. Es will diese Form der Existenz festhalten. Es klammert sich an eine Hülle und vergisst darüber den Inhalt. Wir sind wie verzaubert. Im Hinduismus nennt man das die große Zauberin Maya.

Warum geht diese Erkenntnis vom Leben nicht wie ein Lauffeuer um die Erde? Warum schütteln wir den Tod nicht einfach ab? Weil ich – und diese Erfahrung kann ich nur allein machen – vorher die Erfahrung des Sterbens machen muss. Ich habe alles loszulassen, was mein Ich festhalten möchte. Der mystische Tod ist der Tod des Ich. An diesem Ich aber hält der Mensch krampfhaft fest. Wir westlichen Menschen haben uns so mit unserem Ich identifiziert, dass wir es mit dem Leben gleichsetzen. Wir möchten dieses Ich verewigen. Das aber scheint die Ursünde des Menschen zu sein, dass wir gemeint haben, mit diesem Ich könnten wir ‚sein wie Gott'. Dieses Ich ist nichts anderes als der Kreuzungspunkt unserer psychischen Kräfte, der uns Eigenständigkeit vorgaukelt. Es ist die Illusion schlechthin, die es loszulassen gilt. Das Ich ist nur eine kleine Scheibe, die auf unserem Gesamtbewusstsein schwimmt. Es ist nur ein Organ des Gesamtbewusstseins. Es gebärdet sich aber, als wäre es der eigentliche Regent, und liegt so in einem ständigen Kampf mit der Tiefe unseres Seins. Die Aktivität dieses scheinbar eigenständigen Ich und die daraus resultierende Egozentrik ist die eigentliche Krankheit unserer Zeit, vor allem im Westen: man nennt sie ‚Ich-Neurose'."[111]

# Dreizehntes Kapitel

## Wer selbstlos liebt, ist glücklich

*Wenn du dich nicht selbst lieben kannst, wenn du nicht imstande bist, gut für dich zu sorgen, wie kannst du dann einen anderen Menschen lieben und gut für ihn sorgen. [...] Liebe ist eine Kunst, die Fähigkeit nämlich, den anderen Menschen glücklich zu machen.[112]*

(Thich Nhat Hanh)

Liebe ist zunächst ein stark ergreifendes (in der Regel andauerndes) Gefühl des Hingezogenseins zu einem nahestehenden Menschen, mit dem Willen, für sein Wohl einzutreten, Mängel zu übersehen oder freundlich wahrzunehmen und Fehler zu verzeihen.

Eine Frage stellt sich. Liebe muss nicht nur auf den Menschen – in Selbst- und Nächstenliebe – ausgerichtet sein. Gott, das Höchste, zu lieben, schließt alles ein. Lieben können wir auch unsere Arbeit, Hund und Katze, alles Leben, die Natur schlechthin, eigenes Tun, Musik, Kunst, Ideen, Gegenstände ... Wie ist das hier mit der Gleichrangigkeit?

Wenn ich Gott liebe, ist das mehr, als wenn ich Menschen liebe? Es ist ja nicht zu trennen, also erübrigt sich die Frage. Aber wie ist das, wenn ich ein Kaninchen, eine Symphonie, eine Skulptur, ein Gedicht oder meine Arbeit liebe? So einfach scheint die Antwort nicht mehr. Wenn ich das Göttliche liebe, dann liebe ich alles Leben und vorrangig den Menschen, das auf der Erde am weitesten entwickelte Lebewesen.

Vielleicht ist Liebe ein vollkommenes Gefühl, das eine Eigenexistenz besitzt, d. h., das nicht unbedingt auf etwas gerichtet sein muss? Das Einheitserleben, so lehren es uns die Heiligen, schließt jedenfalls nichts aus.

Und woran erkenne ich, ob es echte Liebe ist?

Liebe ist immer selbstlos; sie entspringt aus dem Gelassensein. Sie gibt und nimmt mit Freude ohne jede Berechnung. Wer so liebt, liebt unabhängig davon, ob sie erwidert wird oder nicht. Mutterliebe spiegelt es am treffendsten wider. Aber selbstlose Liebe schließt auch ein, dass die Mutter ihr Kind nicht an seiner Entwicklung hindert, es nicht „verbiegt" und es dann loslässt, wenn die Zeit gekommen ist.

Erinnern Sie sich an das legendäre „Salomonische Urteil". Salomo (1015–975 v. Chr.) – wenn er denn je wirklich existierte – war König der Hebräer und erhielt nach der Bibel von Gott das Geschenk der Weisheit (1 Kön 3,16–28; Brecht schrieb danach den „Kaukasischen Kreidekreis"): „Damals kamen zwei Dirnen und traten vor den König. Die eine sagte: Bitte, Herr, ich und diese Frau wohnen im gleichen Haus, und ich habe dort in ihrem Beisein geboren. Am dritten Tag nach meiner Niederkunft gebar auch diese Frau. Wir waren beisammen; kein Fremder war bei uns im Haus, nur wir beide waren dort. Nun starb der Sohn dieser Frau während der Nacht; denn sie hatte ihn im Schlaf erdrückt. Sie stand mitten in der Nacht auf, nahm mir mein Kind weg, während deine Magd schlief, und legte es an ihre Seite. Ihr totes Kind aber legte sie an meine Seite. Als ich am Morgen aufstand, um mein Kind zu stillen, war es tot. Als ich es aber am Morgen genau ansah, war es nicht mein Kind, das ich geboren hatte. Da rief die andere Frau: Nein, mein Kind lebt und dein Kind ist tot. Doch die erste entgegnete: Nein, dein Kind ist tot und mein Kind lebt. So stritten sie vor dem König" (1 Kön 3,16–22).

Der König sollte nun entscheiden, wer die wahre Mutter sei. Salomo ließ ein Schwert bringen und wies an: „Schneidet das lebende Kind entzwei und gebt eine Hälfte der einen und eine Hälfte der anderen!" (1 Kön 3,25). Das Baby wurde nun vor den entsetzten Frauen hochgehoben. Ein Soldat holte mit dem Schwert aus. Da stürzte eine der Frauen nach vorne und schrie: „Aufhören!" Sie flehte den

König an, das Kind der anderen Frau zu geben und sein Leben zu schonen. Salomo wusste offensichtlich, dass echte Mutterliebe „loslassen" bedeutet, dass einer Mutter das Wohl des Kindes vor dem eigenen Wohl steht. „Da befahl der König: Gebt jener das lebende Kind und tötet es nicht; denn sie ist seine Mutter. Ganz Israel hörte von dem Urteil, das der König gefällt hatte, und sie schauten mit Ehrfurcht zu ihm auf; denn sie erkannten, dass die Weisheit Gottes in ihm war, wenn er Recht sprach" (1 Kön 3,27–28).

Das ist die Liebe, von der wir sprechen; das Gegenteil von Besitzstreben oder gar Hass, der selbstzerstörerischsten Kraft, die wir kennen.

Liebe ist stets zweckfrei, ohne Absicht und selbstlos. Sie schließt aber Selbstliebe ein.

Gibt es Weisheit ohne Mitgefühl? Nein. Gelassensein und die Weisheit, von der wir sprechen, entstehen aus der Einheitserfahrung, der unerschütterlichen Gewissheit, Teil des Göttlichen zu sein. Mitgefühl und selbstlose Hilfsbereitschaft reifen in dem Grad, in dem sich das Individuum der Gelassenheit öffnet. Weisheit bedeutet: Ruhen im Höchsten. Wissen und Erkenntnis beziehen sich dagegen in der Regel auf das Irdische und entstehen durch Lernen. Sie formen das, was wir Bildung nennen.

Alles Irdische ist vergänglich, aber wir können es als Sinnbild des Ewigen begreifen.

Wir können nur wiederholen: Liebe ist Gelassenhaben und tiefes Ergriffensein – Vollkommenheit. Wer so lieben kann, ist glücklich und gelassen, und Weisheit bedeutet Glücklichsein. Goethe (1749–1832) begreift Liebe als „Krone des Lebens, Glück ohne Ruh".

Wie alle Mystikerinnen und Mystiker versteht auch Hermann Hesse (1877–1962) Liebe umfassend, eben als Ergriffensein und Gelassenhaben. An vielen Stellen schreibt er: Glück ist Liebe, wer lieben kann, ist glücklich.

Die Buddhistin Tenzin Palmo sagt es treffend in ihrem Buch „Lebendige Lehren für unsere Zeit": „Wir denken, wenn wir andere lieben, dann ist der Maßstab für unsere Liebe, dass wir sie festhalten wollen. Doch das ist keine Liebe, das ist nur Selbstliebe, Anhaftung. Man liebt die andere Person nicht wirklich aufrichtig, will, dass es ihr gut geht und dass sie glücklich ist, sondern man will, dass sie zu unserem Wohlergehen und Glück beiträgt. Das ist sehr wichtig zu unterscheiden, denn wir verwechseln es ständig. Diese Unterscheidungskraft ist etwas, was wir alle sehr brauchen, um an unseren persönlichen Beziehungen zu arbeiten."[113]

Schon vor etwa 700 Jahren predigte der Christ Meister Eckhart über die Liebe zu Gott das Gleiche: „Aber manche Leute wollen Gott mit den Augen ansehen, mit denen sie eine Kuh ansehen, und wollen Gott lieben, wie sie eine Kuh lieben. Die liebst du wegen der Milch und des Käses und deinem eigenem Nutzens. So halten's alle jene Leute, die Gott um äußeren Reichtums oder inneren Trostes willen lieben; die aber lieben Gott nicht recht, sondern sie lieben ihren Eigennutz. Ja, ich sage bei der Wahrheit: Alles, worauf du dein Streben richtest, was nicht Gott in sich selbst ist, das kann niemals so gut sein, dass es dir nicht ein Hindernis für die höchste Wahrheit ist."[114]

Hier, und für alles im Leben der Menschen, gilt das Geheimnis der Gelassenheit: „Je weniger wir an uns selbst denken und je mehr wir an andere denken, desto glücklicher werden wir insgesamt sein. Je mehr wir besessen von unserem eigenen Glück sind und je gleichgültiger uns die anderen sind, desto unglücklicher werden wir uns selbst und alle um uns herum machen."[115]

Das ist eines der ganz großen Wunder, das dem Menschen gegeben wurde. Indes, der Weg, das zu begreifen, aufzuwachen, scheint lang.

Liebe heißt, Liebe zu geben und Liebe zu sich selbst zu empfinden; in der Mystik – und nicht nur bei Meister Eckhart, Thomas von Kempen, Johannes vom Kreuz, Hildegard von Bingen, Johann Caspar Lavater und Hermann

Hesse – ist diese ausgeglichene Einheit unverzichtbar, eine Conditio sine qua non.

Von Lavater (1741–1801) finden wir in seinen „Worte[n] des Herzens", die von Christoph Wilhelm Hufeland (1762–1836) herausgegeben worden sind, zwei Gedichte über Liebe, die für sich sprechen:

> „Liebe
> gibt und nimmt
> mit unberechnender Einfalt;
> Liebe
> lebt in der Lust, zu erfreun
> erfreuende Liebe;
> Liebe
> liebt das Geringste, gethan
> mit herzlicher
> Liebe!"

> „Liebe, wie leise sie spreche, sie spricht doch hörbar
> für's Herz hin.
> Liebe, die nichts opfert und die nicht leidet, –
> ist lieblos!
> Treue der Liebe, du fließest in Gottes Schooß aus
> dem Herzen!
> Liebe, dein Accent ist ein Laut aus dem
> himmlischen Lichtreich!
> Liebe, du bist ernst und froh und duldsam und
> thätig! –
> Tod zerstört nicht die Lieb', – er entstammt zur
> Unsterblichkeit sie nur!
> Liebe bezahlet alles – und bleibt doch immer der
> Schuldner.
> Liebe, dein Schweigen ist schön – und lieblicher
> oft als dein Sprechen!
> Liebe genießt im Entbehren, im Wirken, im Leiden
> für Andre!

Liebe, deine Kraft ist leis', oft dennoch allwirksam!
Was die Liebe vereint, das trennet kein
trennendes Schicksal.
Liebe, du wirst einst die Liebenden alle vereinen!"[116]

Das Wissen um das Gleichgewicht der Liebe – „das Liebenkönnen, ohne hier oder dort schuldig zu bleiben, diese Liebe zu sich selbst, die doch niemandem gestohlen ist, diese Liebe zum andern, die das eigene Ich doch nicht verkürzt und vergewaltigt!" – enthält „das Geheimnis alles Glücks, aller Seligkeit"[117].

Eine derartige Aussage kann wohl nur aus dem Erleben des Einsseins heraus entstehen. In der frühen indischen Mystik finden wir das Gebot:[118] „Liebe den Menschen, denn er ist du selbst!" Jesus Christus spricht, als Pharisäer versuchen, ihm eine Falle zu stellen und ihn der Ungläubigkeit zu überführen, eines der beiden wichtigsten Gebote des christlichen Glaubens aus (Mt 22,39): „Du sollst deinen Nächsten lieben wie dich selbst." Die Quelle dafür liegt im Alten Testament (Lev 19,18), in der „Auslegung der Zehn Gebote", worin Gott Mose ebenfalls dazu aufruft: „Du sollst deinen Nächsten lieben wie dich selbst. Ich bin der Herr." Die Frage, wer denn nun der „Nächste" ist, ist wohl eindeutig mit „jeder Mensch" zu beantworten. Christliche Nächstenliebe gründet darauf. Die Notwendigkeit des Ausgeglichenseins von Nächsten- und Selbstliebe wird häufig von Religionen nicht erkannt. Nicht nur Heinrich Seuse, viele Mystikerinnen und indische Yogis verachteten und kasteiten ihren Körper und liebten sich nicht selbst. Seuse marterte sich – bis er die Sinnlosigkeit seines Tuns erkannte –, um Gott auf diesem Wege näherzukommen. Für Meister Eckhart – er verkörpert eindrucksvoll die christliche Mystik (zumindest des Mittelalters) – ist der Mensch untrennbarer Teil des Göttlichen, was Nächsten- und Selbstliebe einschließt. Allerdings, die Kunst, Ausgewogenheit herzustellen, bedeutet Gelassensein. Der Grad der erreichten Balance ist immer Ausdruck des entsprechenden Bewusstseinszustands.

Aber was geschieht, wenn die Balance gestört ist? Hermann Hesse, der sich auf das Alte Testament und das Neue Testament stützt, antwortet darauf: „Man kann den Nächsten weniger lieben als sich selbst – dann ist man der Egoist, der Raffer, der Kapitalist, der Bourgeois, und man kann zwar Geld und Macht sammeln, aber kein frohes Herz haben, und die feinsten und schmackhaftesten Freuden der Seele sind einem verschlossen. Oder man kann den Nächsten mehr lieben als sich selbst – dann ist man ein armer Teufel, voll von Minderwertigkeitsgefühlen, voll Verlangen, alles zu lieben, und doch voll Ranküne und Plagerei gegen sich selber, und lebt in einer Hölle, die man sich täglich selber heizt."[119]

Diese Aussagen und viele andere, die Jahrhunderte zurückliegen – es sind Botschaften von Weisen, Chiffren aus der Vergangenheit. Sie zeugen von einem „ungewöhnlich tiefen Wissen um die Geheimnisse unserer Seele" und sind, wie Hesse weiter hervorhebt, „das weiseste Wort, das je gesprochen wurde, der kurze Inbegriff aller Lebenskunst und Glückslehre"[120].

Wie entsteht eine Ausgewogenheit des Gefühls der Liebe? Der Schlüssel zur Antwort liegt wieder im Gelassensein. Gelassenheit, Seelenruhe bedeutet frei sein von den Fesseln der Scheinbedürfnisse und damit der Macht der Ängste – nur auf dieser Grundlage geschieht Liebe und fördert dann auch von sich aus das spirituelle Wachsen. Liebe schafft auch Liebe, und nicht nur Gegenliebe. Liebe entsteht nicht nur aus Wahrnehmung, verarbeiteten Eindrücken. Sie ist mehr. Liebe ist frei, ohne Zweck und Ziel und ergreift den ganzen Menschen. Ist dem nicht so, so handelt es sich nicht wirklich um Liebe, wie hier verstanden. Es mag dann zwar ein starkes Gefühl sein – eine Mischung aus Begierde, Verliebtheit, Besitz- und Machtstreben, Eifersucht. Wenn ein Mensch sein Kind und/oder seinen Partner wirklich liebt, dann auch weiterhin, wenn diese ihn verlassen.

Liebe ereignet sich von Augenblick zu Augenblick und kennt weder Absicht noch Grenzen. Sie entsteht und lebt in der Seele, aus der sie auch wieder entweichen kann. Liebe ist selbstlos, wie wir es am Beispiel des Salomonischen Urteils zeigten. Nicht aus Verstand und Wissen, sondern aus der Fähigkeit zum Loslassen, zur Einsamkeit und zum Ergriffensein heraus kann Liebe sich entfalten. Gänzlich lassen und seine Feinde lieben wie sich selbst?

Für den heutigen Menschen dürfte das kaum möglich sein. Wohl aber kann er Mitgefühl mit denen verspüren, die fern von Liebe und Gelassensein stehen.

Liebe ist eines der großen und nie ergründbaren Geheimnisse der absoluten Wirklichkeit; sie verkörpert das Schönste und Vollkommenste, was dem Menschen je gegeben wurde.

Der weise Wilhelm Busch (1832–1908) wusste um das Geheimnis der Liebe. Sie gibt dem Leben ein von Scheinbedürfnissen, Zweck- und Nutzdenken unabhängigen und damit bleibenden Sinn. Die Essenz seines Lebens finden wir bei Wilhelm Busch in „Schein und Sein":

„Hass, als minus und vergebens
Wird vom Leben abgeschrieben.
Positiv im Buch des Lebens
Steht verzeichnet nur das Lieben.
Ob ein Minus oder Plus
Uns verblieben, zeigt der Schluss."[121]

# Vierzehntes Kapitel

## Brauche ich einen spirituellen Lehrer auf dem Weg zum Glücklichsein?

*Vorbild ist der beste Lehrer.*

Brauche ich für den spirituellen Weg einen Lehrer und woran ist ein Meister zu erkennen? – Zuerst: Wir meinen, dass Frauen in der spirituellen Entwicklung fortgeschrittener sind als Männer. Bei dieser Frage möchten wir hervorheben, dass wir wegen der einfacheren Ausdrucksweise die männliche Form gebrauchen. Zum Zweiten: Wir reden im Folgenden über spirituelle Lehrer oder Meister. Für Christen stellen diese häufig die Geistlichen dar, mit denen sie in ihren Gemeinden oder in Klöstern und anderen christlichen Institutionen leben und arbeiten. Der Begriff des „Seelsorgers" umschreibt das besser. Vielleicht ist für den Christen die Suche nach dem Lehrer sogar einfacher: Es ist ja Jesus Christus selbst, nach Matthäus 23,10: „Auch sollt ihr euch nicht Lehrer nennen lassen; denn nur einer ist euer Lehrer, Christus." Dennoch ist ein „Vermittler auf Erden" sehr sinnvoll, um die christliche Botschaft in ihrer Ganzheit verstehen und leben zu können.

### Brauchen wir für die Arbeit am Geist einen Lehrer?

Die Antwort fällt schwer. Jedes Individuum ist einzigartig, sowohl in seiner genetischen Anlage als auch in seiner Biographie. Sicher ist auf diesem Weg ab einer bestimmten Stufe ein Lehrer notwendig. Wenn Sie einen wirklich weisen Lehrer finden, ist das sehr hilfreich, da vorübergehend auch Ängste und Verwirrungen auftreten können. Aber die Arbeit an sich selbst kann er Ihnen in keinem Fall abnehmen.

Da *Meditation* – die Hauptmethode des spirituellen Weges – die ganze Persönlichkeit erfordert, können aus buddhistischer Sicht nur Mönche eine höhere Ebene der Geistentwicklung erreichen und auch überschreiten. In Christentum und Mystik gilt das nicht. Das Gelassenwerden als Ziel – also Loslassen, Selbsttranszendenz – hat im Buddhismus und in christlicher Mystik das gleiche Gewicht.

Was soll der spirituelle Lehrer dem auf dem spirituellen Pfad Befindlichen geben? Das hängt zunächst von der erreichten Entwicklungsstufe und der Entschlossenheit des Schülers ab.

Der Lehrer kann „nur" zuhören, den Weg weisen, kontrollieren, Fehler erkennen, korrigieren und ermuntern. Dem Suchenden und Meditierenden kann er Zugang zur angeborenen Weisheit erschließen, Methoden anbieten und selbst Vorbild sein. Mitgefühl, Dankbarkeit, Hilfsbereitschaft, Achtsamkeit, Konzentration ... lassen sich im Individuum entwickeln so wie auch innere Leitbilder und verinnerlichte Werte.

Letztendlich muss der Mensch, wie gesagt, selbst den Einlass zu seinem Geist suchen und öffnen. Jeder hat einen inneren Führer, aber auch er offenbart sich erst auf einer selbst erarbeiteten Stufe der Entwicklung.

Die Antwort auf die erste Frage lautet: Sie brauchen nicht unbedingt einen „Guru". Die Grundlagen lassen sich, wenn es nur wirklich gewollt wird, auch selbst lernen. Auf höherer Stufe der Entwicklung kann ein wirklich Weiser – vor allem, um Fehler zu vermeiden – viel helfen, und für viele dürfte er dann unabdingbar sein. Nicht der Lehrer ist entscheidend, sondern die Lehre!

Es gibt hervorragende Bücher von großen Meistern; zu ihnen sollten Sie greifen (Beispielhaft seien genannt: Augustinus, Gabrielle Bossis, Dalai Lama, Thich Nhat Hanh, Hildegard von Bingen, Willigis Jäger, Johannes vom Kreuz, Meister Eckhart, Marguerite Porète, Matthieu Ricard,

Sogyal, Ani Tenzin Palmo, Teresa von Avila, Thomas von Aquin, Wolke des Nichtwissens). Verschwenden Sie Ihre kostbare Zeit nicht mit Scharlatanen und seichten Druckerzeugnissen. Von Letzteren gibt es eine schier erdrückende Zahl; sie verkaufen sich gut, weil dort große und leicht zu erreichende Versprechungen gemacht werden; einlösbar sind sie kaum.

**Woran ist ein fortgeschrittener Lehrer zu erkennen?**

Das ist nicht einfach. Es gibt weit mehr gewinnorientierte Selbstdarsteller als wahrhafte Lehrer. Letztere sind aus unserer Sicht unauffällig, zurückhaltend, bescheiden, mitfühlend, hilfsbereit, lauter – innengeleitet.

Die Gefahr, einem Scharlatan aufzusitzen, ist groß, und der daraus entstehende Schaden kann beträchtlich sein. Wer sich als Erleuchteter anpreist, ist ganz sicher keiner.

Die Qualität eines Lehrers misst sich am erreichten Grad an Gelassenheit. Aber woran erkenne ich das? Keinesfalls an Äußerlichkeiten. Indes, was er ausstrahlt, ist stets gleich und echt.

Möchtegern-Gurus sind Meister des Täuschens. Sie spielen ihre Rolle fast perfekt, viel raffinierter als orientalische Teppichverkäufer oder mittelalterliche Rosstäuscher. Das gelingt ihnen so leicht, weil die Menschen Hilfe suchen, sich ihm öffnen und häufig unter seelischem Schmerz leiden. Sie möchten, dass man ihnen schnell und vermeintlich einfach hilft. „Es gibt also einen großen Durst nach Spiritualität. Wenn ein Lehrer nicht gut praktiziert und kein auf Mitgefühl und Liebe gründendes Verstehen in ihm ist, begeht er Verrat."[122]

Wichtige und nicht so leicht vorzutäuschende Merkmale eines authentischen Lehrers sind Bescheidenheit, Mitgefühl und Ergriffensein vom Gelehrten. Diese Kriterien können Sie prüfen; üben Sie Ihre Beobachtungsfähigkeit!

Hier sind nun einige Fragen, die vielleicht helfen können, Ihren Blick zu schärfen:

- Welche Motive stehen hinter seinem Tun?
- Wer sind seine Schüler, Mitarbeiter und Freunde?
- Wie gehen sie miteinander um?
- Ist er von dem, was er lehrt, ergriffen?
- Wie stellt sich der Lehrer dar? Zeigt sich Eitelkeit?
- Gibt es Anzeichen für Arroganz?
- Wie reagiert der Lehrer auf Kritik?
- Wie verhält er sich, wenn er sich nicht beobachtet glaubt?
- Versucht er, Sie psychisch oder durch Vorauszahlungen und Verträge an sich zu binden?
- Wie stark ist sein Gewinnstreben ausgeprägt?
- Was verspricht er Ihnen?
- Wie geht er mit Untergebenen, Kunden und für ihn uninteressanten Personen um?
- Was hat der Lehrer geschrieben (wenngleich nicht alle Lehrer schreiben)? – Aus dem Geschriebenen lässt sich viel erkennen.
- Spricht er aus eigenem Erfahren?
- Hört er Ihnen konzentriert zu?
- Wie fühlen Sie sich nach Gesprächen oder Veranstaltungen mit ihm?
- Verbessert sich Ihre emotionale Lage?
- Wie behandelt er Frauen und Männer, Junge und Alte …?
- Worin liegen die Unterschiede?
- Wie spricht er über seine „Konkurrenz"?
- Was strahlt der Lehrer aus? Ruht er in sich? Lächelt er?
- Verbreitet er Freude? Offenbart er Humor, Optimismus und heiteres Gelassensein?
- Ist der Lehrer mitfühlend, hilfsbereit, liebevoll und herzlich?
- Übt er Toleranz?
- Kann er über sich selbst lachen?

# Fünfzehntes Kapitel

## Kann ich Gelassenheit im Alltag üben?

*Lerne loszulassen, das ist der Weg zum Glück.*

Den spirituell Suchenden stellt sich irgendwann die Frage: Verliere ich mit dem Annähern an Gelassenheit nicht die Fähigkeit, den Alltag zu meistern? Finde ich mich dann in meiner Umwelt und im Umgang mit anderen Menschen überhaupt noch zurecht?

Eine Antwort auf die Frage gibt uns das Gleichnis des Neuen Testaments über Maria und Marta. Dort heißt es (Lk 10,38–42): „Sie zogen zusammen weiter und er kam in ein Dorf. Eine Frau namens Marta nahm ihn freundlich auf. Sie hatte eine Schwester, die Maria hieß. Maria setzte sich dem Herrn zu Füßen und hörte seinen Worten zu. Marta aber war ganz davon in Anspruch genommen, für ihn zu sorgen. Sie kam zu ihm und sagte: „Herr, kümmert es dich nicht, dass meine Schwester die ganze Arbeit mir allein überlässt? Sag ihr doch, sie soll mir helfen!" Der Herr antwortete: „Marta, Marta, du machst dir viele Sorgen und Mühen. Aber nur eines ist notwendig. Maria hat das Bessere gewählt, das soll ihr nicht genommen werden."

Jesus tadelte Marta nicht dafür, dass sie eine Mahlzeit vorbereitet hatte, denn er würdigte dies als einen wichtigen Dienst. Aber er stellte stattdessen liebevoll heraus, dass ihre Einstellung das Problem sei, weil sie „besorgt und beunruhigt" war. Jesus bezweifelt nicht, dass der Alltag ebenso gemeistert werden müsse, doch erwartet er ihm gegenüber eine andere, eine gelassene Einstellung. Das Freisein von der Macht vor Angst und Zwängen tritt als wichtiges Ziel hervor. Auch der weitgehend Gelassene kann Angst bekommen, aber sie beherrscht ihn nicht. Jesus predigt hier das Leben im Augenblick, das achtsame Leben. So heißt es an anderer Stelle im Matthäusevangelium (6,27–34): „Wer von euch kann mit all seiner Sorge sein Leben auch nur um eine kleine Zeitspanne verlängern? Und was sorgt ihr euch um eure Kleidung? Lernt von den Lilien, die auf dem Feld wachsen: Sie arbeiten nicht und spinnen nicht. Doch ich sage euch: Selbst Salomo war in all seiner Pracht nicht gekleidet wie eine von ihnen. Wenn aber Gott schon das Gras so prächtig kleidet, das heute auf dem Feld steht und morgen ins Feuer geworfen wird, wie viel mehr dann euch, ihr Kleingläubigen! Macht euch also keine Sorgen und fragt nicht: Was sollen wir essen? Was sollen wir trinken? Was sollen wir anziehen? Denn um all das geht es den Heiden. Euer himmlischer Vater weiß, dass ihr das alles braucht. Euch aber muss es zuerst um sein Reich und um seine Gerechtigkeit gehen; dann wird euch alles andere dazugegeben. Sorgt euch also nicht um morgen; denn der morgige Tag wird für sich selbst sorgen. Jeder Tag hat genug eigene Plage."

Die Auseinandersetzung um die Frage nach der größeren Bedeutung eher der Vita contemplativa oder der Vita activa wurde schon in der Antike geführt. Viele der großen christlichen Mystiker und Mystikerinnen gaben mit ihrem eigenen Leben und ihren Schriften darauf eindeutig Antwort. So schlossen sich für den rührigen Meister Eckhart z. B. Gelassenheit und berufliche Aktivität nicht aus. Im Gegenteil: Das im Sinne Eckharts gelassene Individuum würde eher Tätigkeiten ausfüllen, die aus ihm selbst kommen, und dies mit einer größeren Hingabe und Leidenschaft, mit mehr Kraft und Mut auch in schwierigen Situationen und wahrscheinlich daher auch mit einem größeren Erfolg. Gelassenheit im Alltag zu üben, verhilft dem Menschen somit dazu, derjenige zu werden, der man ist. Nur wer sein Leben selbst meistert, kann anderen wirklich helfen!

Innensein und Draußensein, das sind die beiden Welten, aus denen der Gelassene seine Kraft schöpft. Sein Innensein gewährt ihm dabei die größte für den Menschen mögliche Freiheit, denn er weiß um das Göttliche in der flüchtigen Natur alles Irdischen und fühlt sich geborgen im Höchsten.

„Vom Mystiker wird die Endlichkeit des Menschen sogar besonders betont, weil er das Absolute unmittelbar erfährt. Gerade er sieht darum die Realität. Seine Innerlichkeit verschließt ihn damit nicht vor der Welt, Innerlichkeit ist nicht Flucht vor den Gefährdungen des Lebens, sondern der Gelassene ist weltoffen, weil er das Ziel geschaut hat, das jetzt unmittelbar in ihm ist."[123]

Leo Tolstoi (1828–1910) lässt in einem Märchen vom Zaren drei Fragen an einen weisen Einsiedler stellen: „Welche Zeit muss man immer kennen und nie versäumen, um es hinterher nicht zu bereuen – welche Menschen sind die wichtigsten, mit welchen Menschen muss ich mich also mehr, mit welchen weniger abgeben – und welche Sachen sind die wichtigsten, welche Sache muss man also vor allen andern tun?"[124] Erst nach einer ereignisreichen Zeit antwortet der Einsiedler: „So denke also immer daran, dass es nur eine allerwichtigste Zeit gibt, nämlich: sofort! – das ist die wichtigste Zeit, weil wir nur sofort noch über uns verfügen können – der wichtigste Mensch aber ist immer der, den man gerade getroffen hat, weil niemand wissen kann, ob er überhaupt noch mit einem andern Menschen zu tun haben wird – und die allerwichtigste Sache ist: Gutes zu tun, weil nur dafür der Mensch in das Leben gesandt ist."[125]

Das ist wahrlich eine weise Antwort. Sie birgt das Geheimnis von Glück und Gelassenheit in erzählerischer Vollendung.

# Sechzehntes Kapitel

## Wie werde ich glücklich?

*Gib Freude jedem, den du triffst. Übe innere Ruhe, Herzlichsein, Güte und Mitgefühl.*

Jeder Mensch ist einzigartig und muss seinen eigenen Weg gehen. Dabei will er andauernd glücklich sein. Hier, tief im Wesen des Individuums verwurzelt, liegt die Triebkraft für all sein Wahrnehmen, Denken, Sprechen, Handeln, Verhalten und Enthalten.

Indes, welche Richtung des Weges führt zu diesem Ziel des andauernden Glücklichseins? Wo liegt der Schlüssel für das wunschlose, immerwährende Glück? Was führt zu Leid?

Zu lesen oder zu hören, woraus Glück und Leid entstehen, genügt allein nicht. Um die notwendige Tiefe des Begreifens zu erreichen, ist es notwendig, sich aus den Fesseln des Ego zu befreien.

Sogleich stellen sich zwei Fragen:

*a) Was genau soll ich so unvergesslich begreifen?*
*b) Wie gelange ich zu der erforderlichen tiefen Ergriffenheit?*

Wir antworten darauf wie folgt:

Zu Frage a): Die Hauptursache für das Leid ist unser Unvermögen, mit den eigenen Gedanken richtig umzugehen. Sie kreisen in Vergangenheit und Zukunft und beherrschen, wenn wir daran anhaften, unsere Gefühle und Emotionen. Ein falsches Bild von der Wirklichkeit, Leid, Schmerz, empfundenes Unglück sind die Folge. Die Grundursache für die Unfähigkeit, mit den eigenen Gedanken angemessen umzugehen, liegt allerdings im Fehlen innerer Ruhe und letztendlich an mangelndem Gelassensein. In dem Maß, wie ich Mitgefühl, Hilfsbereitschaft, Lauterkeit,

Selbstlossein im Leben übe, wird Glücklichsein mich erfassen. Anders gesagt: Wie Sie sich das Leid anderer zu eigen machen, uneigennützig Hilfe leisten, so wird Ihr Leid an Gewicht verlieren.

Allerdings gilt auch, was Teresa von Avila lehrt: Halte dich fern von negativer Aura. Gesunde Selbstliebe setzt Grenzen für das Übernehmen des Leids anderer. Der „Retter" darf sich durch „Hilfeleistung" nicht selbst zerstören. Zudem kann Leid das Individuum auf den rechten Weg führen.

„Ein Mensch, dem innerer Friede zuteilgeworden ist, verzweifelt weder angesichts einer Katastrophe noch verleitet Erfolg ihn zu Hochmut. Er kann seine Erfahrungen in großer Gelassenheit durchleben, denn er weiß und versteht, dass Erfahrungen flüchtig sind und es keinen Sinn macht, daran anzuhaften. […] Sein Glücksempfinden ruht auf einem soliden Fundament."[126]

Schöne Erinnerungen schaut man im Geiste an wie ein ergreifendes Bild oder eine herrliche Landschaft, freut sich an ihnen und lässt sie dann ziehen, um ins Jetzt zurückzukehren. Trauern Sie diesen schönen, vergangenen Ereignissen nicht nach, sondern werten Sie sie als ein Geschenk und widmen sich wieder dem gegenwärtigen Augenblick!

Erinnerung an erfahrenes Leid ist Teil unserer Lebensgeschichte, die dazu führte, dass wir wurden, wie wir sind. Sich darin zu verlieren oder sie z. B. als Entschuldigung für gegenwärtiges Versagen vorzuschieben, hieße, sinnlos wertvolle Lebenszeit zu verschenken und Energie zu vergeuden. Schwere psychische Erkrankungen gehören indes in die Hand eines Arztes oder Therapeuten.

„Psychologische und spirituelle Entwicklung sind Phänomene auf derselben Landkarte, weisen dort in dieselbe Richtung, verlaufen aber in ihrer Dynamik weitgehend unabhängig voneinander. Daraus folgt, dass Psychotherapie im Sinne kognitiver und affektiver Wachstumsförderung komplementär zur Förderung spiritueller (transpersonaler) Entwicklung – und vice versa – sinnvoll, ja notwendig ist. Dazu ist es wünschenswert, sich an eine professionelle Hilfe, d. h. an die Expertin der jeweiligen Ebene zu wenden, und dieses im Rahmen des entsprechenden Settings."[127]

Sorge um die Zukunft sollte schon wahrgenommen werden, denn sie kann ein wichtiges Warnzeichen sein. Doch dann sollte man zurückkehren in den gegenwärtigen Augenblick und mit Konzentration, Achtsamsein, Entschlossenheit und Liebe die nächsten Schritte gehen.

Aus bewerteten Gedanken entstehen Unruhe, Gefühle, Stimmungen, Bedürfnisse und Motive, die unsere Wahrnehmung, unser Denken, Sprechen, Handeln und Verhalten festlegen.

Frage b) lautete: Wie gelange ich zu der erforderlichen tiefen Ergriffenheit?

Wir müssen lernen und üben, mit unseren Gedanken richtig umzugehen und zu erkennen, was Gedanken und Gefühle wirklich sind.

Und womit beginnt das Begreifen? Mit dem Üben innerer Ruhe, dem Nachlassen des Anhaftens an ständig kreisende Gedanken. Versuchen Sie, den Raum zwischen den Gedanken – er ist innere Ruhe – zu verlängern! Nur bei innerem Frieden kann das Erfahren und Begreifen das Gewicht gewinnen, das es ermöglicht, sich der Weisheit zu nähern.

Es hängt alles zusammen. Die Ursache kommt vor der Wirkung. Das scheint banal. Indes, die Aussage dieser beiden Sätze ist elementar und wichtig. Denken Sie in Stille darüber nach!

Der Weg zum wirklichen Glücklichsein beginnt beim Erkennen, woraus Glück, Leid und Unglück entstehen. Das ist in diesem Fall besonders schwer. Wer versteht schon so einfach, dass nichts zu bekommen und gleichzeitig selbstlos zu geben, Glück bringen soll?

Kein Weg führt am hingebungsvollen Üben innerer Ruhe als Voraussetzung für Meditation und Gebet vorbei. Wirkliches Glück – Gelassenheit – ist kein Zufallsprodukt. Oder wie es der große Buddhalehrer Kosho Uchiyama Roshi (1912–1998) in der Interpretation der Texte des bedeutendsten Zenmeisters Japans, Dogen Zenij (1200–1253), überliefert: „Zazen [Sitzen im ausgeglichenen Zustand von Körper und Geist, Sitzmeditation, d. V.] üben heißt, das eigene Leben in jeder Sekunde zu kneten und zu scheuern ... Alles, was uns begegnet, als unser eigenes Leben anzunehmen, das Selbst zu leben, ohne größerer ichbezogenen Befriedigung nachzujagen: das ist die ‚Große Gesinnung'."[128] Das bedeutet: Stete geistige Übung.

Fast immer ist Leid mit falschem Wahrnehmen der Wirklichkeit verbunden, aber: „Tag und Nacht, was immer euch begegnet, ist euer Leben."[129]

Glück ist Liebe – und Glück bedeutet nicht minder, das Leben zu lieben. Aber eben nicht nur das eigene! Liebe erzeugt auch Liebe.

Wie stark muss doch das Empfinden von Leid sein, dass ein Mensch nicht mehr leben möchte? Wie krank muss dessen Seele sein? Welche Gedanken vermögen solch abgrundtiefen Hass – er ist das selbstzerstörerischste Gefühl des Menschen – in einer Person auslösen, dass sie entsetzliche Verbrechen begeht?

Wie entstehen Zwangsgedanken? Aus welcher Quelle entspringt Glück? Gelassensein – Selbstlosigkeit – ist die Voraussetzung wirklichen Glücks.

Wie können wir Bewusstseinszustände erlangen, die uns zu Gelassenwerden führen und uns von Ich-Haftigkeit befreien?

Diese Fragen leiteten unser Buch und darauf beruhen die nun folgenden Aussagen. Der Mensch ist seines Glückes Schmied. So ist es, Ausnahmen bestätigen die Regel.

1 Wahres Glück folgt nicht dem „Befriedigen" von immer neu auftauchenden Scheinbedürfnissen, sondern es kommt von innen, es liegt in uns selbst.

Innere Ruhe ist der Schlüssel, um das wirklich zu begreifen. Ruhe und Leersein – Voraussetzung für das tiefe Erfahren – bedingen einander. Leersein ist sehr schwer zu erreichen. Doch ist es ein lohnenswertes Ziel – Christentum und Buddhismus meinen dasselbe. „Der Mensch schlägt nimmer das Auge auf noch zu, ohne dass er damit Ruhe sucht; entweder will er etwas von sich werfen, das ihn behindert, oder er will etwas an sich ziehen, worin er ruht. Um dieser beiden Dinge willen tut der Mensch alle seine Werke. […] Der Mensch kann Gott nichts Lieberes bieten als Ruhe."[130]

2  Suchen Sie innere Ruhe! Sie lässt sich immer und überall üben: Entziehen Sie sich der Macht des Gedankenstroms und mindern Sie die von außen kommende Unruhe! Es gibt unendlich viel Lärm und Hektik, aber nur eine innere Ruhe, und die ist in uns selbst.

Innere Ruhe ist die wichtigste Voraussetzung auf dem spirituellen Weg, sie ist nicht leicht zu erreichen und bedarf ständiger Übung. In ihr liegt der Schlüssel zu Weisheit und Gelassensein. Selbstbeobachtung, Achtsamkeit, Konzentration, innere Sammlung sind dabei die bestimmenden Ziele und Methoden des Übens. In der inneren Ruhe liegt der Augenblick, und er ist das Einzige, das wirklich uns gehört. Der Anteil der nach innen gerichteten Aufmerksamkeit sollte den der nach außen gerichteten nicht unterschreiten.

3  „Tatsache ist, dass wir ohne Weisheit und inneren Frieden *nichts von dem besitzen, was wir brauchen, um glücklich zu sein*. Wenn unser Leben hin und her pendelt zwischen Hoffnung und Zweifel, Aufregung und Langeweile, Begierde und Überdruss, können wir dieses Leben Stück für Stück vergeuden, ohne es überhaupt zu merken, mal hierin und mal dorthin rennen, ohne irgendwo anzukommen. Glück ist ein Zustand innerer Erfüllung, nicht die Befriedigung des unerschöpflichen Verlangens nach äußeren Dingen."[131]

4  Leben und üben Sie Achtsamkeit, bleiben Sie immer im Augenblick bei allem Tun, beim Denken, bei allen

Wahrnehmungen und Gefühlen! Achtsamkeit ist uneingeschränktes Gewahr- bzw. Bewusstwerden, was im jeweiligen Augenblick abläuft. Registrieren Sie, wo sich die Gedanken befinden!

Versuchen Sie, bei jeder sich bietenden Gelegenheit im Augenblick zu sein! Die Mühe lohnt sich, aus einer Traumwelt gelangen wir so in die Wirklichkeit.

5 Üben Sie *Konzentration*, das Ausrichten auf einen Punkt, einen Gedanken, einen Ton, einen eng begrenzten Sachverhalt, Ihr Tun oder auch auf eine Person!

„Feinde" von Konzentration sind: Desinteresse, Unruhe, Müdigkeit, Reizüberflutung (z. B. durch Fernsehen, Internetsucht, Musikberieselung, Computerspiele), Aufmerksamkeitsstörungen, fehlende Disziplin, bestimmte Krankheiten sowie ungünstige situative und emotionale Umstände. Konzentration lässt sich wie auch Achtsamkeit in allen Lebenslagen üben; zunächst geht es dabei allerdings darum, die Störfaktoren zu erkennen und nach Möglichkeit auszuschalten.

6 Üben Sie Achtsamkeit, Konzentration, bewussten Verzicht; bleiben Sie im Augenblick, suchen Sie innere Ruhe und arbeiten Sie am Entkräften von Störfaktoren! Bleiben Sie sich selbst gegenüber stets völlig aufrichtig, entwickeln Sie Urvertrauen und streben Sie nach Weisheit! Untersuchen Sie Ihre handlungsleitenden Bedürfnisse und Beweggründe! Glück liegt nicht im Habenwollen und Bekommen. Glück bedeutet selbstlose Liebe, Gelassensein. Versuchen Sie, in Liebe zu leben, und prüfen Sie, ob es sich dabei um Besitzstreben oder andere egoistische Motive handelt!

7 Lächeln Sie von Herzen, üben Sie Mitgefühl, Hilfsbereitschaft und lernen Sie, mit ihren Gefühlen umzugehen! Gefühle entstehen aus Bewertung von Wahrgenommenem. Trauern Sie, wenn das Leben es erfordert; lachen Sie, wenn die Situation freudig oder heiter ist; erkennen Sie Aggression und Wut im Entstehen und suchen Sie die Ursache! Wut ist ein aus einer Wahrnehmung bzw. einem Gedanken

entstandenes und bewertetes Gefühl.

8   Denken Sie in Ruhe darüber nach – besser meditieren Sie darüber –, was wir unter *Gelassensein* verstehen!

9   Wahres Glück ist ein allumfassendes Gefühl, das aus Gelassenheit, Liebe und Mitgefühl entspringt.

„Wenn du Gutes getan hast und in anderer Hinsicht Gutes erfahren, was suchst du daneben noch ein Drittes wie die Toren, dass du für einen Wohltäter giltst oder eine Gegengabe erlangst."[132]

10   „Wer einem anderen helfen und eine Freude machen will, unterscheidet dabei nicht zwischen dem Helfer und dem, der hilft, dem Schenkenden und dem Beschenkten."[133]

11   „Gewöhne dich daran, soweit möglich, bei allem, was von jemandem getan wird, dich selbst zu fragen: ‚Zu welchem Zweck tut er das?' Fang aber bei dir selbst an und prüfe dich zuerst!"[134]

12   Wie verhält sich ein gelassener Mensch in der Zeit?

Heinrich Seuse (um 1295/1297–1366) antwortet darauf: „Er lebt im gegenwärtigen Augenblick ohne selbstsüchtigen Vorsatz und nimmt sein Höchstes wahr, sei es im Gewöhnlichen oder im Erhabenen."[135]

13   Beobachten Sie aufmerksam, wie Sie in den verschiedenen Lebenssituationen reagieren! Lernen Sie sich dabei kennen und vergleichen Sie Ihr Denken, Ihre Gefühle und Motive, Ihr Sprechen und Tun mit dem eines Gelassenen, sofern Sie sich das vorstellen können!

14   Uneingeschränkt im Augenblick zu leben, ist frei vom Takt der Zeit und fördert die Verwirklichung gesetzter Ziele, da Leistung wesentlich vom Grad des Gerichtetseins auf das Gegenwärtige abhängt.

Leistung = Konzentration + Fleiß + Talent.

Glückseligkeit meint ergriffen erlebte Augenblicke. Die Vollkommenheit besteht nicht in der Erkenntnis, sondern in der Stärke der Ergriffenheit (Thomas von Aquin).

15   Üben Sie konzentriertes Zuhören! Einem anderen aufmerksam zuzuhören und ihn dabei anzusehen, ist ein

wertvolles Geschenk an den Sprechenden und kann heilend wirken. Konzentrierte Zuwendung ist eine wichtige, nicht lange aufrecht zu haltende Kunst. Achten Sie darauf, was Sie und Ihr Gegenüber dabei empfinden!

Nur wenige Menschen hören konzentriert zu; sie können es nicht, wenn sie es denn überhaupt wollen – ihnen fehlen innere Ruhe und in der Regel das Interesse am Gegenüber, am Wahrgenommenen. Der Grund liegt in Ichzentriertheit und innerer Unruhe. Registriert Ihr Gegenüber überhaupt, dass Sie ihm ungeteilte Aufmerksamkeit schenken? Und wie ist es umgekehrt?

16  Männer sitzen zusammen, reden und hören einander zu. Frauen tun das auch; aber sie beobachten sich gegenseitig und sehen sich mehr in die Augen. Und wie ist es, wenn Männer mit Frauen und Frauen mit Männern sprechen? Meist reden Sie aneinander vorbei oder sie spielen eine Rolle. Körpersprache sagt mehr als Worte – daran erkennen Sie in solchen Gruppen die Glücklicheren.

17  Das Wesentliche zu erkennen, ist eine Kunst. Wie wir sie beherrschen, bestimmt den Weg des Lebens und unser Glücklichsein.

18  Bei allem, was Sie tun – sei es Kochen, Essen, Hören, Sprechen, Schreiben, Lesen, Arbeiten, Körperübung, Lernen, Treppensteigen –, bleiben Sie achtsam und voll konzentriert!

19  Achtsamkeit ist ein Wunder. Sie ermöglicht uns, im zeitlosen Augenblick in allem das Höchste zu begreifen. Wenn wir nicht im gegenwärtigen Augenblick sind, so versäumen wir nicht nur die Gegenwart, die wir erleben und gestalten wollen, sondern wir vergeuden auch noch kostbare Energie, die uns beim Meistern des Augenblicks fehlt.

Das Göttliche wohnt im Augenblick und zu ihm führt Achtsamkeit. Gäbe es eine Leiter in den Himmel, dann fänden wir ganz oben die vollkommene Gelassenheit und die Stufen verkörperten den durch gelebte Achtsamkeit möglichen Aufstieg zum höchsten Lebensziel des Menschen.

20  Üben Sie bei jeder sich bietenden Gelegenheit das Zurücknehmen Ihres Ichs, das Loslassen! Stellen Sie dabei fest, inwieweit Ihnen das gelingt! In möglichst jeder Situation sollten Sie sich dahingehend prüfen. Beispiel: Üben Sie zu helfen, ohne dabei an Gewinn für sich zu denken! Kultivieren Sie Mitgefühl und Demut!

21  Studieren Sie die Gesichtszüge Meditierender und Betender! In ihnen liegt eine tiefe Ruhe, erhabenes, liebevolles Lächeln, Gelassenheit. Studieren Sie die Gemälde und Skulpturen, die Meditierende und Betende darstellen! Unabhängig vom Kulturkreis werden Sie stets dem Gleichen begegnen: dem Abglanz vom ergriffenen Erfahren des Göttlichen. Betrachten Sie länger und mit innerer Ruhe ein solches Gesicht!

Nehmen Sie es in sich auf, es kann dabei etwas auf Sie übertragen.

Lächeln ist ein Geschenk an uns selbst und andere; auch Blinde können es wahrnehmen. Es birgt ein Geheimnis. Lächeln verkörpert die höchste Ebene unserer Kommunikation, seine Ausdrucksmöglichkeiten sind nahezu unbegrenzt und es ist eine göttliche Quelle der Kraft.

Lächeln Sie nach innen und nach außen, es braucht keinen Grund. Wenn Sie lächeln, haben Sie gewonnen, sind souverän, großzügig, tolerant, sind im Augenblick; versuchen Sie die Zahl dieser Augenblicke zu erhöhen! Lächeln muss nicht nur einen Augenblick währen, es kann lange andauern. Dann gewinnt es an Kraft und Sie sind entsprechend lang in der Gegenwart. Aber es muss ein echtes Lächeln sein, das von innen, spontan, ohne Vorsatz kommt. Nur dann ist es ein herzliches, freudiges Lächeln, und das ist gemeint.

22  Von Ihrem Bewusstseinszustand hängt ab, was Sie in Ihren Gedanken und im Außenleben anziehen und was sich in Ihnen verfestigt. Selbst- und Fremdwahrnehmung werden von der erreichten Stufe des Bewusstseins bestimmt.

23 Sünde ist Abwesenheit von Liebe und Mitgefühl. Das Gegenteil von Liebe ist Hass, die selbstzerstörerischste Kraft, die wir kennen. Egoismus ist die Ursache des Unglücklichseins – die Abwesenheit von Gelassenheit. In der Meditation, im Gebet, in innerer Ruhe können wir das Wesen der in uns wirkenden Gedanken, Gefühle und Motive erkennen. Das ermöglicht uns, zerstörerische Kräfte – wie Egoismus, Hass, Neid, Missgunst, Wut – durch das Stärken positiver Energie – wie Liebe, Mitgefühl, Demut, Dankbarkeit, Humor, Weisheit – zu schwächen und schließlich zu überwinden.

„Zazen führt weiterhin den Menschen unserer Tage zur Mündigkeit. [...] Das heißt, bei jeder Begegnung in einem anderen sein eigenes Kind zu sehen, über dieses Kind mit Sorge zu wachen und in dieser Tätigkeit – für die anderen – seine Freude und leidenschaftliche Liebe zu finden."[136]

24 Prüfen wir mit innerer Ruhe und Achtsamkeit die flüchtige Natur aller Dinge, dann wird uns alle Veränderung mit Gelassenheit erfüllen.

25 Alles hat seine Zeit. Wie wahr. Aber wann ist wofür die richtige Zeit?

26 In der Vergangenheit spiegelt sich unser bisheriges, geronnenes Leben.

Und die Zukunft? – Sie wird geformt durch die Qualität des Lebens im jeweiligen Augenblick: was und wie wir denken, fühlen und was wir tun; welche Werte und Motive uns leiten und wie sie unser Handeln und Verhalten prägen.

Und Achtsamkeit? – Sie ist der Schlüssel zum gegenwärtigen Augenblick – nur hier spielt unser Leben. Nehmen wir ihn an!

27 „Wenn Sie einmal zu aufgeregt und zerstreut sind und es Ihnen schwerfällt, sich in Achtsamkeit zu üben, kehren Sie einfach zum Atem zurück: sich des Atems bewusst zu werden, ist bereits Achtsamkeit. Das Atmen ist das Wun-

dermittel, mit dem wir unser Bewusstsein bündeln können. [...]

Unser Atem ist überaus hilfreich. Wenn wir ihn zu nutzen wissen, kann er zu einem wunderbaren Werkzeug werden, mit dem wir Situationen meistern, die uns sonst hoffnungslos erscheinen. Unser Atem ist die Brücke zwischen Körper und Geist, ein Element, das Körper und Geist miteinander versöhnt und ihr Einssein ermöglicht. Der Atem ist sowohl auf den Körper als auch den Geist ausgerichtet. Er allein ist das Werkzeug, das beide zusammenbringen und uns Frieden und Ruhe schenken kann."[137]

28  Was uns ärgert, beherrscht uns; wenn wir Humor, Freude, Demut, Dankbarkeit, Mitleid u. Ä. fühlen, finden negative Gefühle in uns keinen Raum. Wenden Sie dieses Wissen an! Aus dem Bewerten erwächst die Qualität der Gefühle und der Stimmungen. Aber es ist nicht eigenständig; Sie müssen bestimmen und nicht Ihre Gewohnheiten, Bewertungsmuster, Voreingenommenheit, Scheinbedürfnisse und Ängste.

Böse oder traurige Gedanken, Sorgen, verlieren ihre Macht, wenn man sie erkennt, beobachtet – und dann vorüberziehen lässt. Sie brauchen uns nicht den Schlaf zu rauben. Oft ist es hilfreich, auch deren tiefe Ursache herauszufinden. Denken Sie an etwas Schönes! Je öfter es Ihnen gelingt, umso leichter gelingt es.

29  Wann immer nur möglich, fühlen Sie Ihren Körper und seien Sie unbeteiligter Zeuge Ihrer Emotionen und Gedanken! Der Körper braucht diese Aufmerksamkeit, und Gedanken, Gefühle, Ängste verlieren ihre Macht, wenn sie wertungsfrei in ihrem Entstehen und Wirken beobachtet werden.

30  Geben Sie Liebe und Hilfe und prüfen Sie die Motive! Geschieht es selbstlos oder steht dahinter Besitzenwollen, Ansehen oder erwarteter Dank?

Erwarte nie Dank, und schon gar nicht von Kindern!

Selbstlose Hilfe ist völlig frei von erwarteter Gegenleistung. Sie ist kein Handelsobjekt. Menschen, die Dank erwarten, werden unglücklich.

31 Wer Glück um seiner selbst sucht, wird das wunschlose Glücklichsein nicht finden. Das Glück der anderen, es sei dein Glück!

Blicken wir zurück in unser Leben, dann waren ergriffene Hingabe, Stille und Liebe das Erfüllendste.

32 Leben Sie Mitgefühl! Am Mitgefühl lässt sich der Entwicklungsgrad des Individuums ablesen. Gelebtes Mitgefühl verdrängt Selbstsucht und ist der Schlüssel zum Glücklichsein. Die Kraft des Mitgefühls ist grenzenlos.

33 Entwickeln Sie Ich-Stärke! „Ich-Stärke" bedeutet: losgelassen haben, in sich ruhen, sich im Göttlichen geborgen fühlen, wertegeleitet sein; Selbstbewusstsein, Souveränität, verlorene Macht der Angst, Selbstsicherheit, Demut, Lauterkeit, Mitgefühl, Dankbarkeit, Bescheidensein. Ich-Stärke entwickelt sich in dem Maß, wie es gelingt, Egoismus zu überwinden und selbstlos zu werden. Ulrike Anderssen-Reuster spricht aus ihrer Erfahrung als Psychiaterin und Psychoanalytikerin, wenn sie feststellt: „Paradoxerweise entwickelt sich in der Regel während der Übung des Loslassens ein funktionsfähiges, flexibles und psychisch gesundes Ich."[138]

Ich-Stärke beruht auf dem verinnerlichten Wissen darum: wer ich bin, wo ich herkomme, wohin ich gehe und worin der Sinn des Lebens besteht.

34 Leben Sie Dankbarkeit und Demut!

Demut bedeutet eine Haltung eigenen Zurücknehmens, des Ergriffenseins vom erfahrenen Wunderbaren. Aus ihr kommt der Wille, Hilfe zu geben und zu dienen. Dankbarkeit wurzelt im Begreifen dessen, was uns gegeben wurde. Nichts ist selbstverständlich.

35 „An die Demut müsst ihr euch halten, sie ist die Schatzmeisterin der Wissenschaft und die Mutter der übrigen Tugenden."[139]

36  Und was bringt das Individuum aus dem Kreislauf des Leidens, das sich u. a. ausdrückt in: Ich will haben, ich will nicht haben, es ist mir gleichgültig? Was führt zur Weisheit?

Woraus nährt sich Ihr Glücksempfinden? Aus dem Ansehen durch andere? Aus Ihren körperlichen Vorzügen? Daraus, dass Sie im Vergleich zu anderen besser dastehen? Aus der Höhe Ihres Einkommens, der Größe Ihres Besitzes und Autos und dass Sie sich viele Wünsche erfüllen können? Der Macht, über die Sie verfügen? Oder: Aus Ihrer Gewissheit, Teil des Göttlichen zu sein? Aus der Qualität Ihrer Arbeit? Aus der Höhe Ihrer Bildung und Ihres Wissensvorsprungs? Aus der Freude über die Erfolge anderer, dass Sie helfen konnten und Freude und Glück schenken durften?

„Nehmen Sie sich einen Moment Zeit, um allein und in Stille herauszufinden, was Sie wirklich glücklich macht! Hängt Ihr Glück hauptsächlich von äußeren Umständen ab? Wie viel davon ist auf Ihre innere Haltung und Ihre Art und Weise, die Welt zu erleben, zurückzuführen? Falls Ihr Glück auf äußeren Umständen beruht, sollten Sie überprüfen, inwieweit auf diese Verlass ist. Und falls Sie es einem Zustand des Geistes verdanken, können Sie sich fragen, wie sich dieser noch weiter kultivieren lässt."[140]

„Meditation zu erlernen, ist das größte Geschenk, das Sie sich in diesem Leben machen können. Denn nur durch Meditation können Sie sich aufmachen zur Entdeckung Ihrer wahren Natur. Und nur in ihr werden Sie die Stabilität und das Vertrauen finden, die nötig sind, um gut zu leben und um gut zu sterben. Meditation ist der Weg, der zur Erleuchtung führt."[141]

An Ratgebern, wie das *Glück* zu erreichen sei, gibt es ein unübersehbares Schrifttum mit extremen Qualitätsunterschieden. Über Gelassenheit schreiben nur wenige. Für Ihre Arbeit an sich selbst verweisen wir auf unser Literaturverzeichnis. Besonders empfehlen wir zunächst:
– Die wunderbaren Tagebücher der Mystikerin Gabrielle

Bossis: Er und ich. Geistliche Tagebücher I–III, Kevelaer (Bd. I 2010, Bd. II 2006, Bd. III 2007; zu den Auflagen siehe im Literaturverzeichnis);
- den ergreifenden Bildband von Igor und Grichka Bogdanov: Reise zur Stunde Null. Die Ursprünge des Universums, Stuttgart 2008;
- die Schriften des bedeutenden buddhistischen Meisters Thich Nhat Hanh zur Achtsamkeit;
- die Werke des Benediktiners und Zenmeisters Willigis Jäger (hier: Suche nach dem Sinn des Lebens, Petersberg 2004 b, 7. Auflage);
- das Buch des großen Lehrers Matthieu Ricard: Glück, München 2008, 4. Aufl.;
- das Buch der Buddhistin und Meisterin Ani Tenzin Palmo: Weibliche Weisheit vom Dach der Welt, Freiamt 2003;
- den Band des buddhistischen Meisters Sogyal-Rinpoche: Das tibetische Buch vom Leben und Sterben, Frankfurt/M. 2004, 3. Auflage
- sowie das hervorragende Sachbuch von Stefan Klein: Der Sinn des Gebens, Frankfurt/M. 2010, 2. Auflage.

37  Der Mensch ist gebundene Energie, eine hochkomplexe Lebensform, hervorgebracht von höchster Vollkommenheit.

38  Es sei wiederholt: Begreifen wir Veränderung und Vergänglichkeit als Wunder des Lebens und wissen um die flüchtige Natur aller Dinge, so sind wir glücklich und werden den Tod gelassen begrüßen.

39  Wer in allem das Wunderbare sieht, lebt glücklich.

40  Die Glücksfähigkeit lässt sich trainieren. Bewegung, Sport, Konzentration … fördern Glücklichsein. Lernen Sie sich kennen! Stress ist das, was wir mit unserer Bewertung aus ihm machen; er kann der Himmel oder auch die Hölle sein.

Hygiene gilt eben nicht nur für unseren Körper. Ängste, Sorgen, Neid, Wut, Hass, negative Gedanken und Gefühle bedürfen nicht minder der Aufmerksamkeit.

Seien Sie in der Gegenwart, nur hier ist unser Leben. Glückvolle Augenblicke, Lächeln – was wollen wir noch mehr?

41  Der Kern der geistigen Arbeit an uns selbst bedeutet: Leben im Augenblick, in Achtsamkeit und das Entwickeln von Mitgefühl, Hilfsbereitschaft, innerer Ruhe, Herzlichkeit, Demut, Lauterkeit, Selbstlossein.

Glücklichsein ist ein Gefühl, ein Bewusstseinszustand. Schließen wir mit Friedrich Rückert (1788–1866):

„O wünsche nichts vorbei und wünsche nichts zurück!
Nur ruhiges Gefühl der Gegenwart ist Glück.
Die Zukunft kommt von selbst, beeile nicht die Fahrt!
Sogleich Vergangenheit ist jede Gegenwart."[142]

# Siebzehntes Kapitel

## Alles ist eins

*Zwei Dinge erfüllen das Gemüt mit immer neuer und zunehmender Bewunderung und Ehrfurcht, je öfter und anhaltender sich das Nachdenken damit beschäftigt: der bestirnte Himmel über mir und das moralische Gesetz in mir.*
(Immanuel Kant, 1724–1804)

Was Immanuel Kant 1788 in seiner „Kritik der praktischen Vernunft"[143] schrieb und was als Grabinschrift in Bronze gegossen wurde und in Königsberg auch heute betrachtet werden kann, spiegelt das Ergriffensein, das einen Menschen erfasst, wenn ihn das Göttliche berührt. Er blickt in die Unendlichkeit des Wunderbaren und spürt, dass er untrennbar dazugehört, ein Teil davon ist. Das sind unvergessliche Augenblicke.

Unser Denken und Erkennen kann doch nur „trügen Schein" (Parmenides von Elea (um 540/535 – um 483/475 v. Chr.), Schattenbilder (Platon um 428/427 – um 348/347 v. Chr.), einen schnell vergehenden Ausschnitt (Marc Aurel 121–180), Erscheinungen (Immanuel Kant 1724–1804), Spiegelung (Albert Einstein 1879–1955), Teile vom Ganzen (Stephen Hawking, geb. 1942) erfassen. Das Göttliche, das Höchste, Geist – Marc Aurel nennt es „zeugende Vernunft" und Immanuel Kant spricht vom „Ding an sich" – bleiben dem Intellekt verschlossen. Nur in tiefer innerer Ruhe, im Loslassen, in Liebe lässt sich das Göttliche erfahren. „Gott kann wohl geliebt, aber nicht gedacht werden. Von der Liebe lässt er sich fassen und halten, vom Intellekt jedoch nicht"[144].

Es stellt sich die Frage: Was soll das Mühen des Menschen um Erkenntnis, wenn es sich doch nur im Rahmen des Schattens der obersten Wirklichkeit bewegt?

Das Erfahren der Welt durch unser Denken ist nicht minder wichtig wie der Weg nach innen, die Arbeit am Geist. Natürlich bleibt weitgehend offen, was vom Höchsten durch unseren Intellekt begriffen und inwieweit unser Wissen über Teile Erkenntnis über das Ganze liefern kann. Es ist ja nicht nur die Begrenztheit unseres Denkvermögens, das Grenzen setzt. Wie wird der Mensch in 500 Jahren sein, wenn es ihn dann noch gibt? Bleibt es wie in Platons Höhlengleichnis[145] oder wird er die Schatten überspringen und ans Licht gelangen? Wird er Mystiker sein? Vieles dürfte sich von der Erde oder unserem Weltall aus gar nicht erforschen lassen, also außerhalb unseres Erkenntnisbereiches liegen.

Wie dem auch sei, Wissenschaft sichert die materielle Existenz des Menschen und damit auch seine intellektuelle, kulturelle, ethische und moralische Entwicklung. Ob zum Segen oder Fluch der Menschheit hängt vom Bewusstseinszustand der Individuen ab.

Das Irdische ist Erscheinung vom Göttlichen. Wem das klar wird, den wird die Neugier (auch sie ist ein Geschenk an den Menschen; das Streben, Neues zu untersuchen und zu erforschen) treiben, aus dem Schatten herauszutreten und zu beginnen, an seinem Geist zu arbeiten.

Doch weshalb begeben wir uns jetzt nun noch auf einen Exkurs in das Weltall? Und überhaupt, was hat er mit Glücklichsein zu tun?

Wir tun es erstens, weil allein schon der Blick in das Weltall Demut lehren und Glück geben kann.

Und zweitens, weil Wissen über das Kleinste und Größte in unserer Welt, über das Leben und den Platz des Individuums in allem beim Überwinden der trennenden Wahrnehmung helfen kann.

In seiner Schrift „Wege zu sich selbst" antwortet Marc Aurel (121–180) mit ergreifender Klarheit auf unsere Frage: „Wer nicht weiß, was der Kosmos ist, weiß nicht, wo er ist. Wer nicht weiß, wozu er geschaffen worden ist, weiß nicht, wer er ist, und auch nicht, was der Kosmos ist. Wer aber eins davon nicht erfasst, könnte auch nicht sagen, wozu er da ist."[146]

„Du kamst auf die Welt als ein Teil. Du wirst wieder in dem verschwinden, dem du dein Dasein verdankst, oder besser: Du wirst verwandelt in seine zeugende Vernunft aufgenommen werden."[147]

„Ob Atome oder Natur, zuerst soll gelten, dass ich ein Teil des von der Natur durchwalteten Ganzen bin. Dann, dass ich eine innere Beziehung zu den verwandten Teilen habe. Denn wenn ich mich daran erinnere, werde ich, insofern ich ein Teil bin, nichts von dem, was mir aus dem Ganzen zugeteilt worden ist, ungern annehmen. Denn nichts ist dem Teil schädlich, was dem Ganzen nützt."[148]

„Der Mensch ist ein Teil des Ganzen, das wir Universum nennen, ein in Raum und Zeit begrenzter Teil. Er erfährt sich selbst, seine Gedanken und Gefühle als abgetrennt von allem anderen – eine Art optische Täuschung des Bewusstseins. Diese Täuschung ist für uns eine Art Gefängnis, das uns auf unsere eigenen Vorlieben und auf die Zuneigung zu wenigen uns Nahestehenden beschränkt. Unser Ziel muss es sein, uns aus diesem Gefängnis zu befreien, indem wir den Horizont unseres Mitgefühls erweitern, bis er alle lebenden Wesen und die gesamte Natur in all ihrer Schönheit umfasst."[149]

Wir können dem nichts hinzufügen.

Bevor wir Erkenntnisse der heutigen Physik über die Entstehung unseres Weltalls mit Lehrsätzen des Christentums vergleichen, scheint es angebracht, auf das Selbstverständnis der Wissenschaft einzugehen.

Unverzichtbare Kriterien von Wissenschaft sind: Kritikoffenheit (das schließt ein, die Lehrsätze nach den neuen Erkenntnissen zu korrigieren), Nachvollziehbarkeit; Offenlegen aller Forschungsschritte, Methoden und Quellen; ständig garantierte intersubjektive Überprüfbarkeit (Kontrolle durch andere Wissenschaftler, Wiederholbarkeit);

anzustrebende Wertfreiheit; Theoriezentriertheit, Methoden- und Meinungspluralismus, Verantwortungsbewusstsein.

Hypothesen und Theorie bilden die Grundlage jeder Wissenschaft. Unter einer empirischen (d. h. auf Erfahrung beruhenden) Hypothese verstehen wir eine Aussage, die mindestens zwei Begriffe bzw. Variablen in einen Zusammenhang bringt. Z. B.: Je höher der Bewusstseinszustand, umso geringer die Wahrscheinlichkeit von kriminellem Verhalten. Eine Hypothese muss an der Wirklichkeit überprüfbar, d. h. messbar sein. Sie sagt deshalb auch immer aus, welche Veränderliche als Kausalfaktor (= unabhängige Variable; Determinante) und welche Variable als Folge (= abhängige Variable; Resultante) jeweils angenommen wird. Hypothesen und Theorien in der Wissenschaft sind also Kausalaussagen über feststehende Beziehungen zwischen Variablen, wobei der erklärte Zusammenhang von stets vorhanden (deterministisch) bis wahrscheinlich (stochastisch) reichen kann. Hinzu kommen intervenierende Variablen (eingreifende, störende, sich einmischende, vermittelnde Variablen); sie beeinflussen die unterstellte Wirkung der unabhängigen auf die abhängige Variable. Der wissenschaftliche Forschungsprozess schließt ein, dass Begriffe, Definitionen, Hypothesen, Methoden und Theorien – wenn sie an der Erfahrung scheitern – verworfen und als unbrauchbar erklärt werden müssen. Unser Wissen bleibt immer vorläufig, eng begrenzt und unvollständig. Ewige und objektive Wahrheit gibt es nicht in der Wissenschaft. Der Reifegrad einer Wissenschaft misst sich am Stand ihrer systematischen Theorie und am erreichten Niveau der von ihr angewendeten und erarbeiteten Begriffe, Methoden, Annahmen, Fragen und Hypothesen. Theorie wird durch Denken und empirische Arbeit gewonnen. Sie verbindet systematisch erfasste Tatsachen zu Regelmäßigkeiten, zu widerspruchsfreien Zusammenhängen von Ursachen und Folgen. Der Kern, das innere Gefüge jeder Wissenschaft, besteht aus Theorie; im Moment ihrer Falsifikation (Widerlegung) wird sie ungültig. Theorie bedeutet wissenschaftlich fundierte Aussagen über wesentliche Zusammenhänge, die auch als Gesetze bezeichnet werden. Theorie ist der Versuch, Zusammenhänge über einen eindeutig definierten Realitätsausschnitt zu rekonstruieren. Dieser Versuch gelingt immer nur mit einer gewissen Wahrscheinlichkeit. Der Prozess der Rekonstruktion der Wirklichkeit muss nach genau festgelegten Regeln erfolgen mithilfe von Methoden, die die Wissenschaftlergemeinschaft anerkannt hat. Er muss in jedem Punkt kontrolliert und nachvollziehbar sein. Eine Vorstufe der Theorie ist die Hypothese. Hypothesen sind – im Vergleich zur Theorie – empirisch weniger abgesicherte Annahmen; sie sind Vorstufen der Theorie und haben nur vorläufigen Charakter.

Die Sprache der Wissenschaft basiert auf einem präzisen Begriffssystem. Begriffe sind eindeutig definierte sprachliche Einheiten, die sich auf erfahrbare Realität beziehen; sie gründen auf Übereinkunft der Forscher. Eine Hypothese ist eine Annahme – in Begriffen formuliert –, die empirisch falsifizierbar und widerspruchsfrei sein muss. Das gilt gleichermaßen für die Theorie. Letztere besteht aber aus mehreren Hypothesen bzw. Hypothesengeflechten und ist damit umfassender, gesicherter und aussagekräftiger. Wissenschaft muss verständlich sprechen und sich ständig selbst kontrollieren.

Wenn wir hier der Urknall-Theorie folgen, so sei ausdrücklich auf ihre Unsicherheit hingewiesen. Jede Theorie ist, wie gesagt, nur so lange gültig, bis sie widerlegt wird, und das gilt auch hier. „Big Bang" ist populär, bisher ohne Alternative und erklärt vieles. Aber ob überhaupt oder inwieweit diese Theorie wirklich zutrifft, ist unklar. Eine Reihe von Beobachtungen kann sie nicht einordnen. Albert Einstein (1879–1955) hatte damals eher das statische Weltall vor Augen. Indes, Raum, Zeit und Materie sind seit seiner Relativitätstheorie so eng miteinander verbunden, dass sie nur gemeinsam entstanden sein können. Und genau davon geht auch die hier verwendete Entwicklungstheorie aus.

„Laterne, Laterne, Sonne, Mond und Sterne ..." – so beginnt eines der beliebtesten Kinderlieder. Der Himmel mit seinen Gestirnen fasziniert die Menschen von Kindesalter an. Generationen von Kindern schauten aus nach dem Mann im Mond. Und auch seit der frühesten Menschheitsgeschichte – und damit sind wir am Beginn unseres Buches – beobachtete der Mensch demutsvoll die Geschehnisse am Firmament, wohl spürend, dass er ein Teil des Ganzen ist. Mit der Himmelsscheibe von Nebra in ihrer schlichten Schönheit mit Sonne, Mond und Sternen erreichte uns ein frühes Dokument von Ergriffenheit und Ehrfurcht.

(Unsere Ausführungen über die Physik des Weltalls stützen sich auf die Werke der folgenden Autoren: Igor und Grichka Bogdanov 2008, Richard P. Feynman 2009, Christian Gerthsen und Helmut Vogel 1993, Stephen Hawking 2000, Christian Kiefer 2008, Michael König 2010, Josef Tomiska 2010).

Sehen wir in einer klaren Nacht in den Sternenhimmel. Was uns überwältigt, ist die Schönheit des schier Unbegreiflichen. Ungezählte Lichtpunkte funkeln von unendlich fernen Welten und aus unermesslich zurückliegender Vergangenheit. Staunen, innere Ruhe und Ergriffenheit erfassen uns und, wenn es nur tief genug ist, auch Demut – das ist die Demut, die wir meinen. Das sind die Bewunderung und die Ehrfurcht, von der Immanuel Kant (1724–1804) spricht.

Vom Mond erreicht uns das Licht schon nach einer Sekunde, von der Sonne braucht es für die 150 Millionen Kilometer achteinhalb Minuten und von fernen Galaxien sind es viele Milliarden Lichtjahre. Unvorstellbar! Die Geschwindigkeit der Photonen beträgt im Weltraum 299 850 Kilometer in der Sekunde. Wir empfangen so Licht aus einem Zeitraum der Vergangenheit, der von einer Sekunde bis zu 13,7 Milliarden Lichtjahren reicht – also auch von längst erloschenen Sternen und Galaxien, die schon seit Langem nicht mehr existieren.

Die Gegenwart ist nur in uns selbst; alles, was wir wahrnehmen, ist Vergangenheit, und je weiter es von uns entfernt ist, desto weiter blicken wir in Vergangenes. Für das Licht mit seinen 300 000 km in der Sekunde gibt es keine Entfernung. Ganz gleich, von welcher Weite das Photon zu uns gelangt: Zwischen Abflug (bzw. Geburt) und Ankunft verging für es keine Zeit. Raum und Zeit sind im Bereich der elektromagnetischen Wellen Begriffe ohne Sinn.

Wir können bis etwa 380 000 Jahre vor dem Urknall zurückblicken, das ist bis kurz vor die Geburt unseres Universums. Es war damals noch fast unbeweglich und in perfektem Gleichgewicht. Albert Einstein (1879–1955) spricht hier von göttlicher Symmetrie, die in Richtung Urknall bis zur Vollendung zunimmt.

Und woher kommt der Mensch? Ohne Zweifel aus dem Universum. Indes, die Aussage trägt kaum weiter als „wir stammen alle vom Affen ab". Fragen wir also nach dem Ursprung, aus dem alles hervorging: Energie, Licht, reale Zeit, Raum, Materie, Bewegung, Atome; Sterne, Planeten, Galaxien, Leben, der Mensch, Bewusstsein, Liebe, Güte, Barmherzigkeit, Lauterkeit, Mitgefühl, Denken, Weisheit, Demut, Egoismus, Neid ... Und was hat das mit Glücklichsein und Gelassenheit zu tun? Sehr viel. Was bin ich ohne „meine" Geschichte? Und die beginnt eben nicht erst mit der Menschwerdung oder nach meiner Geburt.

Die Geschichte des Universums ist die Geschichte des Menschen. Wir sind mit und aus dem Universum entstanden; wir sind von ihm nicht zu trennen. Nur, so wie sich die Sonne nicht um die Erde dreht, so kreist auch nicht das Universum um uns.

Die Raumzeit expandiert, also hat unser Universum einen Anfang. Aus dem Allerkleinsten ($10^{-35}$ Meter) entstand die Welt des „Allergrößten" ($10^{26}$ Meter). Nirgends tritt die Absurdität des dualistischen Wahrnehmens und Bewusstseins so deutlich hervor wie hier.

Dass aus Energie auf unserem schönen blauen Planeten Leben (was ist das eigentlich?) hervorging, Menschen entstanden, die über sich selbst und das Universum nachdenken können, die die Freiheit des Willens und Entscheidens und die Möglichkeit, sich persönlich höher zu entwickeln, erhielten, ist wohl das unbegreiflichste Wunder und Geheimnis.

Machen wir uns einmal deutlich, in welchem Zustand unser Universum beim Urknall war. Es war eine unbegreiflich kleine Energiezusammenballung. Der Raum des damaligen Universums betrug $10^{-35}$ Meter, das ist die kleinste mögliche Länge und der geringstmögliche Raumabstand in der Physik.

„Um uns diese winzige Größe vorstellen zu können, nehmen wir als Beispiel ein Staubkorn. Das selbst mit einer Lupe kaum sichtbare Staubkorn ist Milliarden, Milliarden Mal größer als ein Wasserstoffatomkern. Die Planck'sche Mauer ist Milliarden, Milliarden Mal kleiner als ein Wasserstoffkern. Die Planck'sche Mauer ist gegenüber dem Wasserstoffatomkern so klein wie ein Kirschkern in unserer Galaxie."[150]

Das Gewicht dieses Winzlings betrug kaum 22 Mikrogramm, etwa so viel wie eine Seifenblase.[151] Energie hat keine Masse und damit auch kein Gewicht. Würden wir die komprimierte Energie – deren Dichte $10^{94}$-mal höher als die des Wassers ist! – vollständig in Masse umwandeln, dann entspräche das dem Gewicht unseres heutigen Universums, wenn dies auch nur aus Masse bestünde.

Und wie war es mit der Temperatur? Nicht erhöhbare $10^{32}$ Grad Celsius herrschten damals; Milliarden, Milliarden Mal heißer als die Sonne – eine schreckliche Hitze.[152] Licht strahlte nicht. Bis auf den Blitz des Urknalls war es dunkel; die Photonen waren noch in der Urmaterie gefangen. Und aus diesem Unvorstellbaren entstand alles – auch Leben und Bewusstsein.

Spätestens hier könnten Sie einwerfen, das alles sei so unvorstellbar und unglaublich, dass Sie es für ein Hirngespinst halten und dieser Theorie nicht folgen. Es lässt sich hinzufügen: Wir beschreiben eine von uns *wahrgenommene* Wirklichkeit – wobei ein Teil davon rein mathematisch ist – mit Begriffen. Ganz werden wir sie wahrscheinlich nie erfassen und vielleicht nur Schattenbilder von ihr erforschen. Ihr möglicher Einwand ist also durchaus begründet, aber er bringt uns nicht weiter. Welches „Märchen" erklärt das Universum denn fundierter? Und, es könnte noch fantastischer sein. Ohne wissenschaftliche Theorie stünde die Menschheit in ihrer Entwicklung bestenfalls im Mittelalter. Damals lag die durchschnittliche Lebenserwartung der Bevölkerung weit unter 30 Jahren. Frauen starben viel früher als Männer und die Kindersterblichkeit war ungeheuer groß.

Wo steht der Mensch in dem Ganzen? Seine einsehbare Entstehungs- und Entwicklungsgeschichte währt – gemessen an den 13,7 Milliarden Jahren seit der Geburt des Universums – nur einen Wimpernschlag. Unsere Gastrolle auf der Erde gleicht einem Blatt in einem Sturzbach. Was zählen wir in der unvorstellbaren Unendlichkeit?

Beginnen wir mit der Urexplosion, seit der sich das Universum immer schneller ausdehnt und abkühlt. In ihr entstand eine nicht höher zu verdichtende Energieballung. Und aus diesem Unvorstellbaren könnten das Universum und wir selbst hervorgegangen sein.

Nach 280 Millionen Jahren löste sich das Licht (Strahlung) von der Materie. Bei rund 7,3 Milliarden Jahren lag der Anfang unseres Sonnensystems. Nach 9,4 Milliarden Jahren entstanden Erde und Mond. Nach über 10 Milliarden Jahren bildeten sich erste Bakterien und winzige pflanzenartige Organismen im Meer.

Rechnen wir nun von oben, also von 13,7 Milliarden Jahren zurück, dann beginnt nach 65 Millionen Jahren das Zeitalter der Säugetiere. Das Alter der Menschheit beträgt kaum 30 000 Jahre. Was sind 30 000 gegenüber 13,7 Milliarden Jahren? Welche Stellung hat der Mensch im Weltall?

War es Zufall, kosmisches Wirken, göttlicher Wille, Ablauf nach einem Programm, Mathematik einer unvergleichlich höheren Intelligenz ...? Tatsache scheint, dass am Anfang eine Symmetrie herrschte, die Albert Einstein (1879–1955), und jetzt wohl viele nach ihm, als göttlich begreifen. Es könnte eine Urinformation gegeben haben, vergleichbar mit der DNS, nach der alles ablief.

Was $10^{-43}$ Sekunden (das ist eine unvorstellbar kurze Zeitspanne) vor dem Urknall, also am Punkt Null unseres Universums, stattfand und woraus es bestand – wir wissen es nicht.

Die Planck'sche Mauer ($10^{-35}$ Meter) wird unser Verstand wohl nie überschreiten. Auf diesem Hintergrund – dem Mikro- und Makrokosmos – zu glauben, hochentwickeltes Leben gäbe es nur auf der Erde, scheint vermessen. Und, da wir uns hier als „Krone der Schöpfung" empfinden, das auf das ganze Universum zu übertragen, bedeutet Hochmut. Wir glauben, dass es ungezählte Universen, unendlich viele Stufen von Leben und Formen der Entwicklung gibt. Leben und höhere Ebenen des Bewusstseins müssen aber – schon allein wegen ihrer Komplexität und Differenziertheit – in der Unendlichkeit sehr selten sein; je höher entwickelt, umso länger der Weg und umso weniger häufig treten sie auf.

Die Raumzeit dürfte sich nicht ewig ausdehnen. Das Universum könnte wieder in die Planck-Zeit zurückfallen, sich dabei mehr und mehr erhitzen, um schließlich wieder in Symmetrie und später zu Information – dem Code von allem – zu werden. Vielleicht ist das ein nie endender „Kreislauf"; das Höchste ist überall: sowohl im „Kleinsten" als auch im „Größten". Oder, wie es Willigis Jäger sagt: „Die Welle ist das Meer."[153]

Hatte unser Universum einen Anfang oder generiert es sich in einer Art Kreislauf immer wieder aus sich selbst? Wir wissen es nicht.

Wenn alles letztendlich hinter der Planck'schen Mauer seine Ursache haben sollte, also unser Universum auf Information gründet, dann stellen sich sogleich die Fragen (Information verstehen wir als Nachricht, die aus Zeichen eines Codes besteht [z. B. Erbträger, DNA], nach dem etwas abläuft):

*a) Wie kann aus Information Energie entstehen?*
*b) Woher kommt die Information? Wer oder was ist der Informator?*

Natürlich können wir die Fragen nicht beantworten. Aber es drängt uns zu der Annahme, dass das Unvorstellbare eben doch nicht Zufall ist, sondern auf der Abfolge eines Programms beruhen könnte. Eines Planes, einer Urinformation, die nur unbegreiflich höchster Intelligenz und Macht, also Göttlichem, entsprungen sein könnte.

In der Physik gibt es inzwischen Vermutungen über diesen geheimnisvollen Speicher der Urinformation.

Das ursprüngliche Universum mit seiner gewaltigen Gravitation und der daraus folgenden Krümmung des Raumes ist mit Schwarzen Löchern vergleichbar. In beiden scheinen sog. Gravitationsinstantone in imaginärer Zeit zu existieren; sie sind ohne reale Energie, sind unveränderlich und statisch. Diese Instantone enthalten nur Information.

Was kennzeichnet die immer wieder angeführte imaginäre, also nur in unserer Vorstellung existierende Zeit? Sie wird mit imaginären Zahlen ausgedrückt und gemessen, der Unterschied zwischen Raum und Zeit ist aufgehoben; in dieser seltsamen Zeit gibt es keine Grenzen, kein vor und kein danach, keinen Anfang und kein Ende.[154]

„Am Anfang war das Wort (logos)."
„Am Anfang war das Nichts
und es war alles dunkel ohne Zeit."
„Es war alles eins."
„Ich und Gott sind eins."

Das sind Chiffren von Erleuchteten aus allen Zeitepochen: Die Weisen hatte ein Hauch von dem berührt, was hinter der Planck'schen Schwelle lag.

Pure Information; eine mathematische Welt in absoluter Symmetrie und Ungeteiltheit; Vollkommensein. Ohne Zeit und Raum, Energie, Materie, Bewegung, Licht …

Hier treffen Mystik, christliche Lehre und die heutige Physik zusammen.

3 500 Jahre trennen die Astrophysiker, 2 500 Jahre Meister Eckhart von dem nachfolgenden Text aus dem Schöpfungsmythos der Rigveda, entstanden zwischen 1500 und 1250 v. Chr. im Industal. Die „Wahrheit" scheint ebenso alle zu verbinden wie die Schönheit des Erfahrens und der Ergriffenheit:

„Nicht Nichtsein war damals und nicht das Sein.
Kein Luftraum war, kein Firmament.
Wer hielt die Welt? Wer schloss sie ein?
War es das Wasser im Abgrund?
Nicht Tod war da und nicht das Leben,
nicht Sonne, nicht Mond und nicht die Sterne.
Dann aber kam es zum Seienden.
Das Eine war da. Da war Atem.
Dunkelheit war noch in der Welt.
Das All – ein großes Gewoge.
Da kam das Leben, ein Same, ein Keim,
geboren durch die Macht der Glut.
Zeugungslust aus bloßem Gedanken
wurde zum ersten Samen.
Sinnende Denker, forschend im Herzen,
verknüpfend das Sein mit dem Nichtsein.
Es gab ein Oben. Es gab ein Unten,
getrennt durch eine Schnur.
Oben aber war das Gewähren,
unten das Begehren.
Dem Nichtsein verbanden die Denker das Sein.

So wurden die ersten Dinge.
Wer aber weiß das alles gewiss,
wie diese Schöpfung entstanden ist?
Diesseits der Schöpfung sind die Götter.
Doch wo sind sie hergekommen?
Wer weiß, wie dies alles sich begab
und ob es durch Tatkraft geschah?
Ein höchster Gott im Licht des Himmels –
er weiß es. – Oder weiß er es nicht?"[155]

Woraus schöpft dieses Ahnen, Fragen und Wissen? – Allein der Gedanke, dass unser riesiges und sich immer schneller ausdehnendes Universum (derzeit $10^{47}$ Meter) – alles: z. B. Zeit, Raum, Materie, Gammablitze, Naturgesetze, Erde und Mond, Leben, den Menschen, Bewusstsein, Ich und Du, Mein und Dein, Gelassenheit, Liebe, Religion, Kunst, Musik, Sprache, Bücher, Internet, Freunde und Freundinnen, „mein" Haus, „mein" Auto und „meine" Katze – aus einer unfassbar winzigen Energiekugel ($10^{-35}$ Meter) mit dem Gewicht eines Staubkorns entstanden sein könnte, macht schwindelig. Wo sind die Grenzen des Möglichen?

Unfassbar bleibt auch, dass der unser ganzes Weltall enthaltende $10^{32}$ Grad Celsius heiße Energieballen aus reiner Information hervorgegangen sein soll. Wobei die besagte Information hinter der unüberwindbaren Planck'schen Schwelle ($10^{-35}$ Meter) liegt, einer absolut mathematisch imaginären, also nur eingebildeten, nicht wirklichen Welt. Ihr Geheimnis wird dem Menschen immer verschlossen bleiben.

Wieder fragen wir: Wie sind solche Wunder möglich?

Es könnte, wie gesagt, schon am Anfang des Weltalls eine Art genetischen Code gegeben haben, nach dem alles ablief, eingeschlossen winzige Abweichungen von der Symmetrie. Indes, inwieweit ist die Entwicklung des Universums programmiert, was verläuft nach uns bekannten Naturgesetzen und wo wirkt der Zufall?

Die Information, aus der das Universum entstand, könnte auch die DNS hervorgebracht haben, das Programm des Lebens (vier Buchstaben), das jedes Individuum unverwechselbar macht.

Ohne unvorstellbar geringe Abweichungen von der Symmetrie am Anfang des Universums wäre es nicht in dieser Form entstanden; es gäbe weder Galaxien, Erde, Mond, Leben …

Wo beginnt hier der Zufall?

Hätte ein Komet mit einer entsprechenden Masse und einem bestimmten Einschlagswinkel nicht die Erde gestreift, glühende Lava mitgerissen, woraus sich der Mond im annähernden Gleichgewicht der Anziehungskräfte von Erde und Sonne formte, so gäbe es auf der Erde kein komplexes Leben. Der Mond bewirkt u. a., dass die Rotationsachse der Erde nicht kippt und dass sie sich in 24 Stunden um ihre eigene Achse dreht.

Oder: Ohne den Jupiter gäbe es kaum Leben auf der Erde, wenn sie denn überhaupt nicht schon zerstört wäre. Dieser Riesenplanet lenkt durch seine Schwerkraft Kometen von der Erde ab.

Zu den ungelösten Rätseln gehört auch die Gravitation, die Kraft der Massenanziehung. Wäre die Gravitationskonstante zehn Prozent größer, so läge die Umlaufbahn der Erde näher an der Sonne und die Temperatur auf der Erde etwa 100 Grad höher. Es gäbe damit auf unserem Planeten kein flüssiges Wasser und deshalb kein menschliches Leben (Feynman).

Ist das Zufall, Fügung, Programm …?

Zufall – hier verstanden als Durchbrechen des Kausalgesetzes – wirkt mit sehr unterschiedlichem Gewicht in allen Entwicklungsprozessen und Lebensabläufen. Wo beginnt und wo endet er?

Wie wir bereits beschrieben haben, bedeutet „Glück gehabt" in anderen Worten ausgedrückt: „Der Zufall war mir hold." Umgekehrt steht auch „Unglück" für „Zufall, der mir ungünstig stand".

Glücklichsein, von dem wir in diesem Buch sprechen, ist kein Zufall; es ist das Ergebnis innerer Reife. Genauer: Die Qualität des Glücksempfindens entspricht dem Maß der überwundenen Ichanhaftung, und die verliert sich nicht von selbst.

Hier liegt der Sinn unseres Exkurses in das Wunderbare – Mensch und Universum sind eins. Aber der Mensch ist nicht Mittelpunkt des Universums und es kreist auch nicht um ihn. Der Blick in das Vollkommene lehrt uns Demut, Ehrfurcht und Dankbarkeit. Je tiefer der Mensch in den Mikro- und Makrokosmos blickt, umso ergriffener und näher kommt er dem Unaussprechlichen, dem Göttlichen. Das dualistische Weltbild verliert dann seine Tragfähigkeit.

Am Anfang war das Wort – Information – Geist; „mach dir kein Bildnis von Gott". Die Vollkommenheit ist mit unserem Verstand nicht fassbar. Wohl auch deshalb, weil wir ein untrennbarer Teil davon sind: „Ich bin der Weinstock, ihr seid die Reben" (Joh 15,5), so Jesus Christus. Buddha und Christus wussten: Die höchste Wirklichkeit lässt sich nicht personalisieren.

Der „Ursprung" von allem ist Geist – Information; letztendlich ist es das für uns Unbegreifbare, das Vollkommene, das alles umfasst und das Anfang und Ende nicht kennt. Solange wir glauben, davon getrennt zu sein, haben wir nichts von alldem begriffen. Wie übermittelte es uns doch Meister Eckhart: „Wenn wir über die Zeit und zeitliche Dinge hinausgeschritten sind, so sind wir frei und allezeit froh, und dann ist Fülle der Zeit; dann wird der Sohn Gottes in dir geboren."[156]

Für den Philosophen Parmenides von Elea (um 540/535–483/475 v. Chr.) – Platon (um 428/427 – um 348/347 v. Chr.) war wesentlich von ihm beeinflusst – bedeutet alles vom Menschen Wahrgenommene „trüger Schein", nur Erscheinung vom immerwährenden Sein. Und dieses Allumfassende erklärte er, wie es auch die heutige Physik formuliert: „Das Sein ist … Es ist nicht ein Vergangenes, noch ein Zukünftiges, da es Jetzt ist, je zusammen alles, als Eines zusammenhaltend."[157]

Josef Tomiska – Professor für Physikalische Chemie an der Universität Wien – bemerkt in seinem Buch „Physik, Gott und die Materie. Warum Wissenschaft und Glaube kein Widerspruch sind"[158], dass bestimmte Lehrsätze des Christentums erst auf dem Hintergrund von Erkenntnis heutiger Physik in ihrem Sinn verstanden werden können. Das gilt nicht minder für vorchristliche Aussagen, beispielsweise über den Ursprung der Dinge in dem 3 500 Jahre zurückliegenden Text aus der Rigveda. Abbildung 3 verdeutlicht die Nähe der heutigen Physik zur christlichen Lehre.

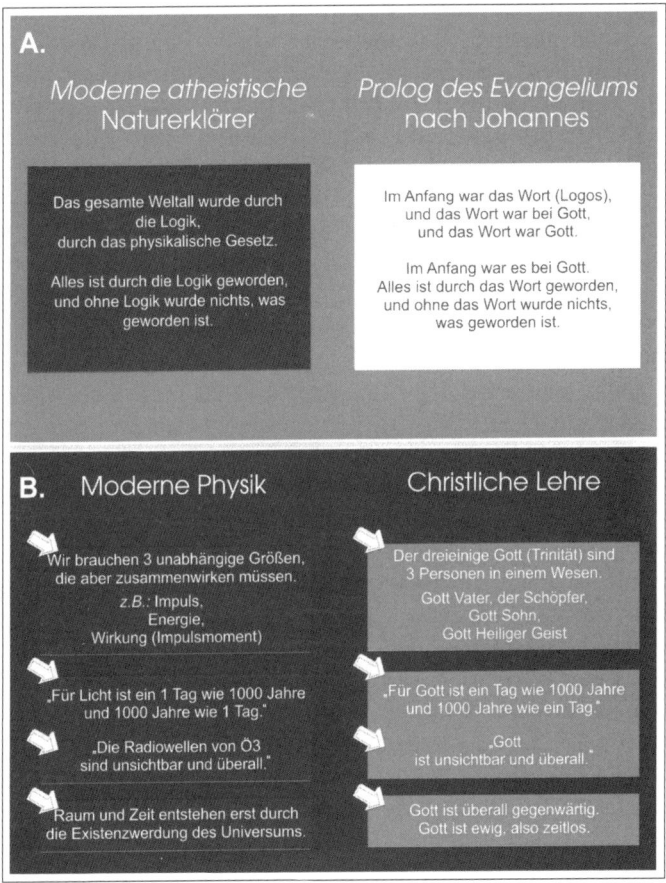

Quelle: Tomiska 2010, S. 160
A. Lehrsätze zur Entstehung des Universums
B. Lehrsätze aus Moderner Physik und Christentum II

Der Gott der Bibel ist raum- und zeitlos, wie das Licht und alle anderen elektromagnetischen Wellen. Und Gott ist wie diese unsichtbar. Hier wird Entscheidendes über die Eigenschaften des Göttlichen gesagt: Es entzieht sich der Ordnung der Zeit; es ist in der raum-, zeit- und materielosen Ewigkeit; es „liebt" den zeitlosen, gegenwärtigen Augenblick; es ist außerhalb jeder räumlichen Dimension, jedoch überall gleich präsent; es bedeutet Liebe und ist eine Kraft, die wir nie ganz verstehen werden – es ist vollkommen, unvorstellbar. Immerhin, eigentlich wissen wir doch sehr viel über das Göttliche, das von Menschen nicht zu Denkende.

„Das eine aber, liebe Brüder, dürft ihr nicht übersehen: dass beim Herrn ein Tag wie tausend Jahre und tausend Jahre wie ein Tag sind" (2 Petr 3,8).

Meister Eckhart fasst die Kraft, die hinter allem steht und mit der wir eins sind, in folgende Worte: „Diese Kraft hat mit nichts etwas gemein; sie macht aus nichts etwas und alles. Sie weiß nichts vom Gestern noch von Vorgestern, vom Morgen noch vom Übermorgen, denn in der Ewigkeit gibt es kein Gestern noch Morgen, da gibt es (vielmehr nur) ein gegenwärtiges Nun; was vor tausend Jahren war und was nach tausend Jahren kommen wird, das ist da gegenwärtig und (ebenso) das, was jenseits des Meeres ist."[159]

Wie tief, kraftvoll und zeitlos ist doch die Weisheit der Erleuchteten. Wo liegt der Kern ihrer Gewissheit? Wir können nur wiederholen: im Gelassensein, dessen Blickwinkel die Ewigkeit ist.

# Achtzehntes Kapitel

## Und was ist die Essenz von alldem?

*Alles ist eins.*

Arbeit am Geist: innere Ruhe, Liebe, Demut, Dankbarkeit, Mitgefühl, Loslassen, Achtsamkeit, Disziplin, Konzentration, Meditation, Gelassensein.

Mit gesammeltem Geist sehen wir die Dinge, wie sie wirklich sind (Buddha). Und Christus lehrt: Im Leersein und in der Liebe offenbart sich uns das Göttliche. Hierin wurzelt ein erfülltes und glückliches Leben mit einem klaren Leitbild. Edel sei der Mensch, hilfreich und gut.[160] Schon 500 Jahre vor Goethe schrieb Heinrich Seuse (um 1295/1297–1366) darüber, „wie edel sich ein recht gelassener Mensch in allen Dingen verhält": „Er lebt im gegenwärtigen Augenblick ohne selbstsüchtigen Vorsatz und nimmt sein Höchstes wahr, sei es im Gewöhnlichen oder im Erhabenen."[161]

Wir fügen hinzu: Sei humorvoll, gib Freude, wann immer du kannst, und tue es in selbstloser Liebe!

# Quellennachweise

## Einführende Zitate

1. Zitat: Plutarch 1952, S. 12
2. Zitat: Voigt / Meck
3. Zitat: Bossis 2006, S. 30

## Fußnoten

1) Wittgenstein 2001, Vorwort
2) Porète 2010, S. 187
3) Brahm 2007, S. 130–133
4) Maslow 1977 [1954]
5) Siehe Anderssen-Reuster (Hg.) 2011, S. 92ff.; vgl. Siefer / Weber 2006
6) Vgl. Claussen 2005
7) Eccles 1999; Pöppel 2000
8) Eccles 1999, S. 190ff.
9) Dobzhansky 1967, S. 68; zit. in Eccles 1999, S. 323f.
10) Augustinus, zit. in Ricard 2008, S. 48
11) Tuchman 2007
12) Huizinga 1987 [1919]
13) Ebd., S. 29
14) Veldeke, von 2002, S. 212
15) Vgl. Kleber 1988; Schwaiger 1999; Wörner 2000
16) Dogen Zenij im Tenzo Kyokun, zit. in Kosho Uchiyama Roshi 2007, S. 75
17) Epikur 1973
18) Cicero 2003 [45 v. Chr.]
19) Internetseite der American Psychological Association http://www.apa.org (Stand Mai 2011)
20) Vgl. Handbook of Positive Psychology
21) Seligmann 2005; Csikszentmihaly 1992, 1995; Internetseite von Ed Diener: http://www.psych.uiuc.edu/~ediener/ (Stand Mai 2011)

22) Hesse 2002 a, S. 20f.
23) Vgl. u. a. Alexander Solschenizyn „Der Archipel GULAG", „Der erste Kreis der Hölle".
24) Lersch 1966 [1938], S. 236f.
25) Jaspers 1970, S. 109
26) Siehe u. a. Dalai Lama 2002
27) Csikszentmihalyi 1992, 1995
28) Ebd. 1992, S. 14
29) Ebd., S. 16
30) Layard 2009, S. 77ff.
31) Ebd., S. 85
32) Lyobomirsky, King und Diener 2005
33) Layard 2009, S. 84
34) Stahlmann 2008
35) Meck et al. 2011
36) Galuska et al. 2010
37) Jahoda et al. 1975 [1933]
38) Mayo 1945
39) Lyobomirskyet al. 2005
40) Vgl. Simmel 2009 [1900]; Dodd 2005
41) Zit. in Layard 2009, S. 252
42) Vgl. u. a. Layard 2009, S. 55f.
43) Fritz-Schubert 2010
44) Index of Economic freedom 2011, http://www.heritage.org/ (Stand Mai 2011)
45) Klein 2002, S. 278ff.
46) Friedrich-Ebert-Stiftung 2010, S. 82ff.
47) Maslow 1977 [1954]
48) Plutarch 1952, S. 23
49) Das Deutsche Wörterbuch von Jacob und Wilhelm Grimm: http://www.dwb.uni-trier.de (Stand Mai 2011)
50) Meister Eckhart 1993, Werke II, Traktat 3, S. 459
51) Manstetten 2011, S. 41f.
52) Ebd., S. 42
53) Meister Eckhart 1978, Das Buch der göttlichen Tröstung, S. 101
54) Boeckmans 2011, S. 57

55) Porète 2010
56) Ebd., S. 155f.
57) Mirandola 2009
58) Ebd., S. 9
59) Ebd.
60) Jäger 2004 a, S. 144
61) Silesius, J. A. 1986 [1675], S. 256
62) Ebd., S. 37
63) Plutarch 1952, S. 14
64) Jäger 2004 b, S. 173
65) Einstein 2001, S. 13
66) Jäger 2002, S. 173
67) Hsueh-t'ou Ch'ung-hsien, zit. in Kosho Uchiyama Roshi 2007, S. 22f.
68) Siehe auch im Folgenden Ruh 1996; die Internetseite von Eckhart Triebel www.eckhart.de (Stand Mai 2011)
69) Ruh 1996, Bd. III, S. 241
70) Ruh 1993, Bd. II, S. 18
71) Meister Eckhart 1978, Predigt 13 (Qui audit me), S. 217
72) Ruh 1996, Bd. III, S. 242
73) Bundschuh 1990, S. 92
74) Meister Eckhart 1978, Reden der Unterweisung, S. 91
75) Panzig 2005, S. 51f.
76) Meister Eckhart 1993, Werke I, Predigt 53, S. 565
77) Lauster 1998, S. 14
78) De Mello 1992, S. 60
79) Ebd., S. 60
80) Ebd., S. 21
81) Ebd., S. 21 und S. 27
82) Ebd., S. 27
83) Jäger 2004 a, S. 144
84) Goethe 1954 [1809], S. 32
85) Meister Eckhart 1978, Reden der Unterweisung, S. 55f.
86) Ebd., Predigt 13, S. 213
87) Ebd., Das Buch der göttlichen Tröstung, S. 114
88) Ebd., Predigt 45, S. 367
89) Plutarch 1952, S. 12, 24

90) Marc Aurel 2001, S. 119
91) Siefer / Weber 2006, S. 266
92) Aurel 2001, S. 71
93) Weber 1984
94) Teresa von Avila, zit. in Zölls / Zirkelbach 2010, S. 131f.
95) Bossis 2006, 2007, 2010
96) Seuse 1999 [1329/30], S. 360
97) Ebd.
98) Meister Eckhart 1978, Predigt 29, S. 291
99) Suzuki 1980, S. 134f.
100) Ebd., S. 135
101) Porète 2010
102) Ebd., S. 158
103) Leicht 2001, S. 11
104) Johannes vom Kreuz 2003
105) Die Wolke des Nichtwissens 2004
106) Jäger 2002, S. 33f.
107) Das Herzensgebet – Mystik und Yoga der Ostkirche, S. 119
108) Meister Eckhart 1978, Predigt 32, S. 309
109) Meister Eckhart 1978, Predigt 1, S. 153
110) Ebd., S. 156
111) Jäger 2004 b, S. 26
112) Hanh 2005, S. 49, 69
113) Tenzin Palmo 2010, S. 151
114) Meister Eckhart 1978, Predigt 16, S. 227
115) Tenzin Palmo 2010, S. 62
116) Lavater 1878, S. 8f.
117) Hesse 2002 b, S. 203
118) Ebd.
119) Ebd.
120) Ebd.
121) Busch 2003 [1909], Bd. 3, S. 549
122) Hanh 2005, S. 88
123) Bundschuh 1990, S. 317
124) Tolstoi 1985 [1905], S. 373
125) Ebd., S. 376

126) Ricard 2008, S. 38
127) Collande 2011, S. 75
128) Kosho Uchiyama Roshi 2007, S. 35
129) Dogen Zenij im Tenzo Kyokun, zit. in Kosho Uchiyama Roshi 2007, S. 75
130) Meister Eckhart 1978, Predigt 45, S. 367
131) Ricard 2008, S. 49f.
132) Aurel 2001, S. 146
133) Hanh 2001 b, S. 21
134) Aurel 2001, S. 271
135) Seuse 1999 [1362/1363], S. 360
136) Kosho Uchiyama Roshi 2007, S. 98
137) Hanh 2001 a, S. 35f.
138) Anderssen-Reuster 2011, S. XI
139) Porète 2010, S. 25
140) Ricard 2008, S. 51
141) Sogyal 2004, S. 81
142) Rückert 1897, S. 127
143) Kant 2011 [1788]
144) Die Wolke des Nichtwissens 2004, S. 45
145) Platon 2002, S. 420ff.
146) Aurel 2001, S. 207
147) Ebd., S. 71
148) Ebd., S. 245
149) Ideas and Opinions by Albert Einstein 1954, S. 12
150) Bogdanov/Bogdanov 2008, S. 169, 172
151) Ebd.
152) Ebd.
153) Jäger 2002
154) Hawking 2000
155) Rigveda X, 129,1–7, zit. in Steinwede/Först 2004, S. 35, 37; siehe auch RIG-VEDA 2008 [1923]; wir haben uns für die Übersetzung in Steinwede/Först entschieden, die authentischer erscheint.
156) Meister Eckhart 1978, Predigt 12, S. 209
157 Parmenides, zit. bei Kiefer 2008, S. 274
158) Tomiska 2010

159) Meister Eckhart 1978, Predigt 12, S. 210
160) Johann Wolfgang von Goethe (1749–1832); er verstand das Wort „edel" im Sinne von „altruistisch" und „gelassen sein".
161) Heinrich Seuse (1999; das Buch wurde wahrscheinlich zwischen 1329–30 abgefasst); auch er verband schon damals mit „edel" Altruismus und Gelassenheit.

# Literatur

Anderssen-Reuster, U. (2011, Hg.): Achtsamkeit in Psychotherapie und Psychosomatik. Haltung und Methode, 2., neu bearbeitete und erweiterte Auflage, Stuttgart: Schattauer.

Aristoteles (2009 [ca. 322 v. Chr.]): Nikomachische Ethik. Aus dem Griechischen übersetzt und hg. von E. Rolfes, Köln: Anaconda.

Aurel, M. (2001): Wege zu sich selbst. Tusculum Studienausgaben, griechisch-deutsch, hg. und übersetzt von R. Nickel, 2. Auflage, Düsseldorf, Zürich: Artemis & Winkler.

Betz, O. (2004): Vom Umgang mit der Zeit. Ein Gradmesser unserer Lebenskunst, Kevelaer: Topos.

Bingen, H. von (1991): Gebete der Heiligen Hildegard. An den Fenstern des Glaubens, hg. von W. Storch, Augsburg: Pattloch.

Boeckmans, J. (2011): Buddhas Weg der Befreiung aus dem universalen Leiden. In: U. Anderssen-Reuster (Hg.): Achtsamkeit in Psychotherapie und Psychosomatik. Haltung und Methode, 2., neu bearbeitete und erweiterte Auflage, Stuttgart: Schattauer, S. 55–59.

Bogdanov, I./G. Bogdanov (2008): Reise zur Stunde Null. Die Ursprünge des Universums. Aus dem Französischen übersetzt von N. Kolig, Stuttgart: Theiss 2008.

Bossis, G. (2006): Er und ich. Geistliches Tagebuch, Bd. II. Aus dem Französischen übertragen von Ch. Hansen, Ostfildern: Matthias-Grünewald.

Bossis, G. (2007): Er und ich. Geistliches Tagebuch, Bd. III. Aus dem Französischen übertragen von Ch. R. Heideklang, Kevelaer: topos plus.

Bossis, G. (2010): Er und ich. Geistliches Tagebuch, Bd. I. Aus dem Französischen von E. Beck und G. Miller, 2. Auflage, Kevelaer: topos plus.

Brahm, A. (2007): Die Kuh, die weinte. Buddhistische Geschichten über den Weg zum Glück. Aus dem Englischen übertragen von M. Kempff, 3. Auflage, München: Lotos.

Bundschuh, A. (1990): Die Bedeutung von gelassen und die Bedeutung von Gelassenheit in den deutschen Werken Meister Eckharts unter Berücksichtigung seiner lateinischen Schriften, Frankfurt am Main u. a.: Peter Lang.

Busch, W. (2003 [1909]): Schein und Sein. In: W. Busch. Gesamtwerk in drei Bänden, Bd. 3, Augsburg: Weltbild, S. 507–549.

Cicero, M. T. (2003): Gespräche in Tusculum, hg. und übersetzt von O. Gigon, Düsseldorf/Zürich: Artemis & Winkler.

Claussen, J. H. (2005): Glück und Gegenglück. Philosophische und theologische Variationen über einen alltäglichen Begriff. Tübingen: Mohr Siebeck.

Collande, C. (2011): Psychotherapie oder Meditation in der Praxis – komplementär oder alternativ? In: U. Anderssen-Reuster (Hg.): Achtsamkeit in Psychotherapie und Psychosomatik. Haltung und Methode, 2., neu bearbeitete und erweiterte Auflage, Stuttgart: Schattauer, S. 71–77.

Csikszentmihalyi, M. (1992): Flow. Das Geheimnis des Glücks. Aus dem Amerikanischen übersetzt von A. Carpentier, 2. Auflage, Stuttgart: Klett-Cotta.

Csikszentmihalyi, M. (1995): Dem Sinn des Lebens eine Zukunft geben. Eine Psychologie für das 3. Jahrtausend. Aus dem Amerikanischen von M. Klostermann, Stuttgart: Klett-Cotta.

Dalai Lama (1991): Die Vorträge in Harvard. Deutsche Übersetzung aus dem Amerikanischen von Ch. Spitz, Gräfing: Aquamarin.

Dalai Lama (2002): Der Weg zum Glück. Sinn im Leben finden, hg. von J. Hopkins. Aus dem Amerikanischen von J. Tröndle, Freiburg im Br.: Herder.

Das Deutsche Wörterbuch von Jacob und Wilhelm Grimm: online http://www.dwb.uni-trier.de/ (Stand Mai 2011).

Das Herzensgebet. Mystik und Yoga der Ostkirche. Die Centurie der Mönche Kallistus und Ignatius, hg. von A. Rosenberg, München-Planegg: Otto-Wilhelm-Barth-Verlag 1955.

Der geschmiedete Himmel. Die weite Welt im Herzen Europas vor 3600 Jahren, hg. von H. Meller, Stuttgart: Konrad Theiss 2004.

Die Bibel. Einheitsübersetzung der Heiligen Schrift 1980, Stuttgart: Katholische Bibelanstalt. Hier: http://alt.bibelwerk.de/bibel/ (Stand Juli 2011).

Die Wolke des Nichtwissens. Worin die Seele sich mit Gott vereinigt. Übertragen aus dem Altenglischen und eingeleitet von W. Riehle, 7. Auflage, Einsiedeln: Johannes 2004.

Dobzhansky, T. (1967): The Biology of Ultimate Concern, New York: New American Library.

Dodd, N. (2005): The Sociology of Money. Economics, Reason and Contemporary Society, Reprint, Cambridge, Malden: Polity Press.

Eccles, J. C. (1999): Die Evolution des Gehirns – die Erschaffung des Selbst. Aus dem Englischen von F. Griese, 3. Auflage, München: Piper.

Einstein, A. (2001): Mein Weltbild, hg. von C. Selig, 27. Auflage, München: Suhrkamp.

Epikur (1973): Philosophie der Freude. Eine Auswahl aus seinen Schriften, übersetzt, erläutert und eingeleitet von J. Mewaldt, Stuttgart: Alfred Kröner.

Feynman, R. P. (2009): Sechs physikalische Fingerübungen. Physikalische Fingerübungen für Fortgeschrittene. Zwei Bestseller in einem Band. Aus dem Amerikanischen von I. Leipold und H. Reuter, 3. Auflage, München, Zürich: Piper.

Frey, B. S./C. Frey Mart (2010): Glück. Die Sicht der Ökonomie, Zürich/Chur: Rüegger.

Friedrich-Ebert-Stiftung (2010): Dimensionen von Glück. Über die gesellschaftlichen Voraussetzungen für ein erfülltes Leben, hg. von F. Richter, Berlin: Bonner Universitäts-Buchdruckerei.

Fritz-Schubert, E. (2010): Schulfach Glück. Wie ein neues Fach die Schule verändert, Freiburg, Basel, Wien: Herder.

Galuska, J. et al. (2010): Memorandum zur psychosozialen Lage in Deutschland. http://www.isi-hamburg.org/forum/showthread.php?tid=115 (Stand Mai 2011).

Gerthsen, Ch./H. Vogel (1993): Physik. Ein Lehrbuch zum Gebrauch neben Vorlesungen, 17., verbesserte und erweiterte Auflage, bearbeitet von H. Vogel, Berlin u. a.: Springer Heidelberg.

Goethe, J. W. von (1954 [1809]): Maximen und Reflexionen, hg. W. Hoyer, Wiesbaden: Dietrich'sche Verlagsbuchhandlung, Leipzig.

Handbook of Positive Psychology, ed. by C. R. Snyder/S. J. Lopez, Oxford: University Press 2005.

Hanh, T. N. (2001 b): Umarme dein Leben. Das Diamantsutra verstehen. Mit einem Nachwort von A. K. Schmied. Übersetzt aus dem Amerikanischen und hg. von M. Lamberts-Hengster, 2. Auflage, Freiburg, Basel, Wien: Herder.

Hanh, T. N. (2001 a): Das Wunder der Achtsamkeit. Einführung in die Meditation, übersetzt aus dem Amerikanischen von S. Wetzel, Berlin: Theseus.

Hanh, T. N. (2005): Schritte der Achtsamkeit. Eine Reise an den Ursprung des Buddhismus, hg. von T. Luchinger. Übersetzt aus dem Englischen von I. Knauf, 9. Auflage, Freiburg, Basel, Wien: Herder.

Hawking, S. (2000): Die illustrierte Kurze Geschichte der Zeit, 4. Auflage, aktualisierte und erweiterte Ausgabe, deutsch von H. Kober, Reinbek bei Hamburg: Rowohlt.

Hesse, H. (2002 b): Wer lieben kann, ist glücklich. Über die Liebe, ausgewählt von V. Michels, Frankfurt am Main: Insel Taschenbücher.

Hesse, H. (2002 a): Über das Glück. Betrachtungen und Gedichte, zusammengestellt von V. Michels, Frankfurt am Main: Insel Taschenbuch.

Huizinga, J. (1987 [1919]): Herbst des Mittelalters. Studien über Lebens- u. Geistesformen des 14. u. 15. Jh. in Frankreich u. in d. Niederlanden, hg. K. Köster. Deutsche Fassung unter Benutzung d. älteren übersetzt von T. Wolff-Mönckeberg (1923) von K. Köster, Stuttgart: Alfred Kröner.

Ideas and Opinions by Albert Einstein. Based on my Mein Weltbild, edited by Carl Seelig, and other sources. New translations and revisions by Sonja Bargmann, New York: Crown Publishers 1954.

Index of Economic Freedom 2011: http://www.heritage.org (Stand Mai 2011).

Jäger, W. (2002): Die Welle ist das Meer. Mystische Spiritualität, hg. von Chr. Quarch, 8. Auflage, Freiburg im Breisgau: Herder.

Jäger, W. (2004 b): Suche nach dem Sinn des Lebens. Bewusstseinswandel durch den Weg nach innen, Petersberg: Via Nova.

Jäger, W. (2004 a): Wiederkehr der Mystik. Das Ewige im Jetzt erfahren, Freiburg im Breisgau: Herder.

Jahoda, M. et al. (1975 [1933]): Die Arbeitslosen von Marienthal. Ein soziographischer Versuch über die Wirkungen langandauernder Arbeitslosigkeit, Frankfurt am Main: Edition Suhrkamp.

Jaspers, K. (1970): Chiffren der Transzendenz, München: Piper.

Johannes vom Kreuz (2003): Aufstieg auf den Berg Karmel, vollständige Neuübertragung aus dem Spanischen.. Gesammelte Werke Band 4, hg., übersetzt und eingeleitet von U. Dobhan et al., Freiburg, Basel, Wien: Herder.

Kant, I. (2011 [1788]): Kritik der praktischen Vernunft, Köln: Anaconda.

Kiefer, C. (2008): Der Quantenkosmos. Von der zeitlosen Welt zum expandierenden Universum, Frankfurt am Main: S. Fischer.

Kleber, H. (1988): Glück als Lebensziel. Untersuchung zur Philosophie des Glücks bei Thomas von Aquin, Münster: Aschendorff.

Klein, S. (2002): Die Glücksformel. Oder wie die guten Gefühle entstehen, Reinbek bei Hamburg: Rowohlt.

Klein, S. (2010): Der Sinn des Gebens. Warum Selbstlosigkeit in der Evolution siegt und wir mit Egoismus nicht weiterkommen, 2. Auflage, Frankfurt am Main: S. Fischer.

König, M. (2010): Das Urwort. Die Physik Gottes, Berlin, München: Scorpio.

Kosho Uchiyama Roshi (2007): Zen für Küche und Leben. Kommentare zu Zen-Meister Dogens TENZO KYOKUN – Anweisungen für den Koch, hg., übersetzt, bearbeitet und mit einer Einführung versehen von F.-A. Viallet, Frankfurt am Main: Angkor.

Lauster, P. (1998): Wege zur Gelassenheit. Die Kunst, souverän zu werden, 20. Auflage, Düsseldorf/München: Econ.

Lavater, J. C. (1878): Worte des Herzens für Freunde der Liebe und des Glaubens, hg. von Ch. W. Hufeland, 25. Auflage mit dem Bildnisse Lavaters im Stahlstich, Berlin.

Layard, R.: Die glückliche Gesellschaft. Was wir aus der Glücksforschung lernen können. Aus dem Englischen von J. Neubauer, 2. Auflage, Frankfurt/New York: Campus.

Leicht, I. (2001): Marguerite Porète. Eine Frau lebt, schreibt und stirbt für die Freiheit, München: Don Bosco.

Lersch, Ph. (1966 [1938]): Aufbau der Person, 10. Auflage, München: Johann Ambrosius Barth.

Lyobomirsky, S./L. King and E. Diener (2005): The Benefits of Frequent Positive Affect: Does Happiness Lead to Success? In: Psychological Bulletin, Vol. 131, (6), Washington: American Psychological Association, pp. 803–855.

Manstetten, R. (2011): Gelassenheit. Selbstwahrnehmung und Achtsamkeit bei Meister Eckhart. In: U. Anderssen-Reuster (Hg.): Achtsamkeit in Psychotherapie und Psychosomatik. Haltung und Methode, 2., neu bearbeitete und erweiterte Auflage, Stuttgart: Schattauer, S. 21–45.

Maslow, A. H. (1977 [1954]): Motivation und Persönlichkeit. Die Übersetzung aus dem Amerikanischen besorgte P. Kruntorad, Olten/Freiburg im Breisgau: Walter.

Mayo, E. (1945): Probleme industrieller Arbeitsbedingungen, übersetzt aus dem Amerikanischen, Frankfurt am Main.

Meck, S. et al. (2011): Einstellungen und Werthaltungen gegenüber Geld. Empirische Studien, unveröffentlichte Manuskripte, Berlin.

Meister Eckehart (1978): Deutsche Predigten und Traktate, hg. und übersetzt von Josef Quint, 5. Auflage, München: Carl Hanser.

Meister Eckhart: Werke I. Texte und Übersetzungen von J. Quint, hg. und kommentiert von N. Largier, Frankfurt am Main 1993: Deutscher Klassiker Verlag.

Meister Eckhart: Werke II. Texte und Übersetzungen von E. Benz et al., hg. und kommentiert von N. Largier, Frankfurt am Main 1993: Deutscher Klassiker Verlag.

Mello, A. de (1992): Der springende Punkt. Wach werden und glücklich sein. Übersetzung aus dem Englischen von I. Johna, 2. Auflage, Freiburg, Basel, Wien: Herder.

Mirandola, G. P. della (2009): Oratio de hominis dignitate. Rede über die Würde des Menschen. Auf der Textgrundlage der Editio princeps hg. und übersetzt aus dem Lateinischen von G. von der Gönna, Stuttgart: Reclam.

Panzig, E. A. (2005): Gelâzenheit und Abegescheidenheit. Eine Einführung in das theologische Denken des Meister Eckhart, Leipzig: Evangelische Verlags-Anstalt.

Platon. Die Meisterdialoge. Übersetzt aus dem Griechischen von R. Rufener, Düsseldorf: Patmos 2005.

Platon. Sämtliche Werke, Band 2: Lysis, Symposion, Phaidon, Kleitophon, Politeia, Phaidros, übersetzt aus dem Griechischen von F. Schleiermacher, 29. Aufl., Reinbek bei Hamburg: Rowohlt 2002; Höhlengleichnis: Band 2, Buch VII „Politeia", S. 420ff.

Plutarch (1952). Von der Ruhe des Gemütes. Und andere philosophische Schriften, übertragen aus dem Griechischen und eingeleitet von B. Snell, Zürich: Artemis.

Pöppel, E. (2000): Grenzen des Bewußtseins. Wie kommen wir zur Zeit, und wie entsteht Wirklichkeit? Frankfurt am Main, Leipzig: Insel.

Porète, M. (2010): Der Spiegel der einfachen Seelen. Mystik der Freiheit, hg. und übersetzt aus dem Altfranzösischen von L. Gnädinger. Mit einem Vorwort von G. Fuchs, Kevelaer: Butzon & Bercker.

Ricard, M. (2008): Glück. Mit einem Vorwort von D. Goleman. Aus dem Englischen von Ch. Bendner, 4. Auflage, München: nymphenburger.

RIG-VEDA. Das heilige Wissen Indiens. In der Übersetzung aus dem Sanskrit von K.-F. Geldner, hg. und eingeleitet von P. Michel. Band I: Erster bis achter Liederkreis, Bd. II: Neunter und zehnter Liederkreis, Wiesbaden: marixverlag 2008 [1923].

Rochus, L. (1998): Glück als Vollendung des Menschseins. Die Beatitudo-Lehre des Thomas von Aquin im Horizont des Eudämonismus-Problems, Berlin, New York: de Gruyter.

Rückert, F. (1897): Werke, Bd. 2: Gedichte, Die Weisheit der Brahmanen, Leipzig, Wien: Bibliographisches Institut.

Ruh, K. (1996): Geschichte der abendländischen Mystik. 4 Bde., Bd. III: Die Mystik des deutschen Predigerordens und ihre Grundlegung durch die Hochschulscholastik, München: C. H. Beck.

Schwaiger, C. (1999): Wie glücklich ist der Mensch? Zur Aufnahme und Verarbeitung antiker Glückstheorien bei Thomas von Aquin, München: Don Bosco.

Seligman, M. E. P. (2005): Positive Psychology, Positive Prevention, and Positive Therapy. In: Handbook of Positive Psychology, ed. by C. R. Snyder/S. J. Lopez, Oxford: University Press, pp. 3–9.

Seuse, H. (1999 [wahrscheinlich zwischen 1329–30 abgefasst]): Büchlein der Wahrheit. In: H. Seuse: Deutsche mystische Schriften. Aus dem Mittelhochdeutschen übertragen und hg. von G. Hofmann. Mit einer Hinführung von E. Jungclaussen. Einleitung A. M. Haas. Um eine Hinführung erweiterter Nachdruck der 1. Auflage von 1966, Zürich, Düsseldorf: Benzinger, S. 331–362.

Siefer, W./Ch. Weber: Ich. Wie wir uns selbst erfinden, Frankfurt, New York: Campus 2006.

Silesius, J. A. ([d. i. Johannes Scheffler 1675] 1986): Cherubinischer Wandersmann oder Geistreiche Sinn- und Schlussreime, hg. von Louise Gnädinger nach dem Text von Glatz 1675, Zürich: Manesse.

Simmel, G. (2009 [1900]): Philosophie des Geldes, Köln: Anaconda.

Sogyal Rinpoche (2004): Das tibetische Buch vom Leben und Sterben. Mit einem Vorw. des Dalai Lama. Einzig berechtigte Übersetzung aus dem Englischen von T. Geist und K. Behrendt, 3. Auflage, Frankfurt am Main: Scherz.

Stahlmann, I. (2008): Krankheit. Antike. In: P. Dinzelbacher (Hg.): Europäische Mentalitätsgeschichte. Hauptthemen in Einzeldarstellungen, 2., durchgesehene und ergänzte Auflage, Stuttgart: Alfred Kröner, S. 213–222.

Steinwede, D./D. Först (2004; Hg.): Die Schöpfungsmythen der Menschheit: Düsseldorf: Patmos.

Suzuki, Daisek Teitaro (1980; engl. 1934): Die große Befreiung. Einführung in den Zen-Buddhismus. Mit einem Geleitwort von C. G. Jung. Berechtigte Übersetzung von F. Schottlaender, Frankfurt am Main: Fischer Taschenbuch Verlag.

Tenzin Palmo (2010): Lebendige Lehren für unsere Zeit. Aus dem Englischen von C. Middelhoff, Berlin: Ed. Steinrich.

Tenzin Palmo, A. (2003): Weibliche Weisheit vom Dach der Welt. Aus dem Englischen von T. Roth, Freiamt: Arbor.

Thomas von Aquin (1991 [1252/1253]): Über das Sein und das Wesen. Deutsch-lateinische Ausgabe, übersetzt und erläutert von R. Allers, überprüfter und berichtigter reprografischer Nachdruck 1991 der 2. Auflage 1953, Darmstadt: Wissenschaftliche Buchgesellschaft.

Tolstoi, L. (1985 [1905]): Drei Fragen. Ein Märchen. In: Herr und Knecht. Volkserzählungen. Aus dem Russischen von E. Boehme, Zürich: Diogenes, S. 371–376.

Tomiska, J. (2010): Physik, Gott und die Materie. Warum Wissenschaft und Glaube kein Widerspruch sind, Wien: Carl Ueberreuter.

Tuchman, B. (2007): Der ferne Spiegel: Das dramatische 14. Jahrhundert. Aus dem Amerikanischen übersetzt von U. Leschak und M. Friedrich, Hamburg: Spiegel.

Veldeke, H. von (2002 [1174–1183]): Eneasroman – mittelhochdeutsch/neuhochdeutsch, nach dem Text von L. Ettmüller ins Neuhochdeutsche übersetzt, mit einem Stellenkommentar und einem Nachwort von D. Kartschoke, Stuttgart: Reclam.

Voigt, D./S. Meck (2005): Gelassenheit. Geschichte und Bedeutung. Darmstadt: Wissenschaftliche Buchgesellschaft.

Voigt, D./S. Meck (2008): Gelassenheit. Lebensziel und Weg. Kevelaer: Topos.

Weber, Max (1978 [1920]): Gesammelte Aufsätze zur Religionssoziologie von Max Weber, Sammlung, 7., photomechanisch gedruckte Auflage, Tübingen: Mohr Siebeck.

Weber, Max (1984): Soziologische Grundbegriffe. Mit einer Einführung von J. Winckelmann, 6., erneuerte, durchgesehene Auflage, Tübingen: Mohr Siebeck.

Wittgenstein, L. (2001): Logisch-philosophische Abhandlung. Tractatus logico-philosophicus. Kritische Edition, hg. von B. McGuinness und J. Schulte, 2. Auflage, Berlin: Suhrkamp.

Wörner, M. (2000): Glückendes Leben. Gespräche mit Aristoteles und Thomas von Aquin. Vorträge im Dominikanerkloster St. Paulus Berlin-Moabit, Berlin: Morus.

Zölls, D./Ch. Zirkelbach (2010): Wie Zen schmeckt. Die Kunst des achtsamen Genießens, hg. von U. Richard, 2. Auflage, München: Kösel.

www.eckhart.de (Meister Eckhart und seine Zeit), hg. Eckhart Triebel, Stand Mai 2011).

Von den selben Autoren
im Verlag Butzon & Bercker erschienen

Sabine Meck / Dieter Voigt (Hg.)
Wege zur Gelassenheit

42 Seiten
Mit vierfarbigen Fotos
Format: 16,3 x 18,5 cm
Gebunden und wattiert

ISBN 978-3-7666-1208-3

www.bube.de

Von den selben Autoren erschienen bei

**topos** taschenbücher

Dieter Voigt / Sabine Meck
# Von der Gelassenheit
*Lebensziel und Weg*

176 Seiten

Band 655
ISBN 978-3-8367-0655-1

www.toposplus.de

Ebenfalls erschienen bei
**topos** taschenbücher

Gerhard Hartmann (Hg.)
# Was mir Wert ist

*Texte von Benedikt XVI., Mutter Teresa,
Nikolaus Harnoncourt, Anselm Grün, Erwin Teufel u.a.*

160 Seiten

Band 777
ISBN 978-3-8367-0777-0

www.toposplus.de